「国連式」世界で戦う仕事術

滝澤三郎
Takizawa Saburo

a pilot of wisdom

目次

目次

はじめに —— 8

第1章 私はこうして国連職員になった —— 13

不幸に見えて実はありがたいもの／2年間、1日に12時間の猛勉強／退路を断ち、ジュネーブへ

第2章 国連はグローバル化の先取り組織 —— 25

〝専門分野〟〝待遇〟〝年齢〟——私が国連に入った理由／国連とはこんな組織／日本企業と国際機関の働き方の違い／国際的転勤と専門職・契約制度／本部勤務は2割、開発途上国勤務が8割／英語はできて当たり前／国際機関の人事制度／専門職以上は個室／国連は政治的競争社会（組織内の論争からアイディアが生まれる）／自己主張が求められる／「野心家」は褒め言葉／人の行く裏に道あり花の山／国際機関職員に望ましい三つの資質

第3章　難民問題と国連——いま世界で起きていること——59
国連難民高等弁務官事務所（UNHCR）とは／国際政治を揺るがす難民問題／難民って誰のこと？／冷戦終結後に変わった難民マップ／国内避難民問題と保護する責任論／緊張事態への対応／パレスチナ難民のいま／難民キャンプの人口は3分の1に減少／難民グローバル・コンパクト／「難民鎖国」日本の難民政策／留学生としての受け入れ——難民高等教育プログラム／難民支援の大きなポイントは経済支援

第4章　私が見た世界の人々——95
1　民族紛争のなぜ？を改めて考えた「バングラデシュ・ロヒンギャ難民キャンプ」
2　マラリアの洗礼を受けた「中部アフリカ・カメルーン」
3　封鎖されたレバノンの「シャティーラ・パレスチナ難民キャンプ」に潜入

第5章　国連という視点からみた日本と日本人――129
なぜ国際機関には日本人が少ないのか？／高文脈から低文脈へ「コミュニケーション文化の壁」を越える／国際機関で存在感に欠ける日本

第6章　個人としての国際競争力をつける9か条――155
1　最初の100日で成果を出す
2　リーダーシップをとる
3　上手に自己主張する
上司や部下から批判されたときは？／相手を批判するには？／相手の要求を拒絶するときは？／相手に何かを要求するときは？
4　異文化コミュニケーション力をつける
書く／話す／読む・聞く

5　上司を管理する
6　オフィス・ポリティクスに対処する（政治的な行動は望ましい）
7　裸の王様にならない
8　軸足以外の2割の部分でかき回す
9　ユーモア力を身につける

付録　外務省JPO試験とは ―― 194
国際機関に一定期間派遣をするJPO制度／
JPO試験の流れ／書類記述、面接試験など注意すべき点

おわりに ―― 198

図版作成／MOTHER

はじめに

この本を出版することになったのは、東京都港区六本木の東洋英和女学院大学の生涯学習センターで開講中の「国際機関で働いてグローバル人材になる」という講座がきっかけでした。このコースは2017年に開講され、好評だったことから、現在まで年に2回のペースで開かれています。全10回の講義を通して「グローバル人材」のあり方を学んでいますが、内容をもっと広く知ってほしい、ということから本書の企画につながりました。

本書の第一の狙いは、国際機関に就職してからの「生き残りと貢献術」について実例とともに学ぶことです。日本には国際機関で働いてみたいという志を持った若い人がたくさんいます。ですから、国際機関にどのようにして入るか、履歴書をどう書くか、面接試験にどう臨むかなどについてのガイド本なら結構あります。しかし、国際機関の雇用の基本は契約制度で競争も激しく、入ってからの「生き残り」のほうが厳しいのです。

「世界の人たちを助けたい」との思いで国際機関に入っても、助ける力がなければ意味がありません。英語の力だけでなく、自分の考えを持ち、発信し、はっきりと自己主張もしなくてはいけませんし、そこでは組織に貢献するために「個人としての国際競争力」が問われますし、絶えず努力することも求められます。「誰のために働くのか?」「どう働くのか?」も意識せざるを得なくなります。

国際機関での働き方を知らないでいると、思うようなポジションに就くことができずに悩んだり、契約更新ができずに帰国せざるを得なくなったりすることもあります。事前に知っておくべきは、国際機関に入ってからどのように仕事をし、競争し、生き残り、自分の夢を達成しつつ組織にも貢献するか、についてです。それでこそ国際機関に入るための準備も確かなものになります。

本書の第二の狙いは、今後ますますグローバルな競争にさらされる日本の企業で働く人たちに働き方、生き方のヒントを提供することです。この数年、日本での働き方が急激に変わってきています。世界的にグローバリゼーションが加速する中で、日本の経済は「失われた30年」を経験し、雇用の流動化が進み、「終身雇用」「年功序列」「ジェネラリスト養成」を三本柱とする日本の雇用システムは音を立てて崩れています。その代わりの「契約制度」「実力主義」「専門職制度」が広がるでしょう。

新卒一括採用は時代遅れとなり、中途採用、通年採用が広がります。転職・転社もしつつ、専門性の開発を軸に自分のキャリアと人生を積極的にデザインしていくことが普通になるのです。外国人労働者の受け入れも始まり、今後の日本の職場では国籍も文化も違う外国人と協力したり競争したりする姿が見られるようになるでしょう。それどころか、ネットの時代、競争相手は外国にいる外国人かもしれないのです。

これらのことはまさしく国連では日常です。それはグローバル人材としての国際機関での働き方です。この先、日本での働き方も国際機関での働き方に近づいて行くでしょう。であれば日本で働くのであっても、国際機関での働き方、仕事術、生き方は参考になります。

さらにもう一つの狙いがあります。「人生100年時代」を迎え、60歳なり65歳の定年後の長い人生をどう生きるか、ということが、老後資金の確保と並んで、多くの人にとっての課題です。この問題は、シニア世代が大きくなるにつれてますます広がるでしょう。長い間、自分のために、家族のために、会社のために必死で働いてきた。この先、何を生きがいとすればいいのか……。そんなとき、「人のために働く」というオプションはどうでしょうか。

国内在住の外国人をボランティアとして助けたり、外国の貧しい人や難民を直接助けたり寄付などで間接的に支援することもできます。そのような活動を通して、若い人たちと交流することで気持ちも若く保たれます。私自身、国連を退職してからは女子大で教えたり、ＮＰＯの仕事に関わったり、66歳でチャリティマラソンを始めたりしました。本書では、私と同じようなシニア世代の皆さんにエールを送るとともに、多少なりとも生き方についてのヒントを提供したいと思います。

本書の構成ですが、まず第1章で私が国連に入った経緯を明らかにし、第2章では国連機関の仕組みと働き方について触れます。日本との働き方の違いがわかると思います。第3章では、私が長年関わった難民の問題、難民を助けている国連難民高等弁務官事務所（ＵＮＨＣＲ）や国連パレスチナ難民救済事業機関（ＵＮＲＷＡ）での経験を取り上げます。第4章では、30年以上前に訪れた難民キャンプがいまも残っているなど、難民問題解決の困難さについて書きました。そこで出会った難民の姿も描かれています。第5章では、国連の窓からみた日本人と日本のあり方について思うところを書いています。第6章では国連で戦って生き残り、公益のために貢献するための「9か条」をまとめました。付録として「外務省ＪＰＯ試験とは」を加えてあります。

最後までお読みいただければ幸いです。

第1章　私はこうして国連職員になった

不幸に見えて実はありがたいもの

私が多くの人に聞かれる質問の中に「滝澤さんはなぜ、国連で働き始めたのですか?」「滝澤さんは、どのようにして国連職員になったのですか?」というものがあります。「仕事」について語るとき、「なぜその仕事をしているのか」「なぜその仕事を目指したのか」は、それぞれの「仕事観」の中核をなす答えの一つに感じます。私も本書を書くにあたって、改めて自分のストーリーを振り返ってみようと思います。

私は中学3年のときに陸上部長を命じられ運動のし過ぎで体調を崩し、長野県立松本深志《まつもとふかし》高校を1年間休学しています。病名は慢性腎炎。いまはそんなことはありませんが、当時の医学書によれば「一生治らず、徐々に悪化し、いずれは死ぬ」という物騒な病気です。両親はとても心配し、私は大学卒業後の人生が見通せず、真っ暗だと感じました。夢や希望を見出《みいだ》せず、途方に暮れたことを覚えています。

そんなふうに絶望感にさいなまれながらも、塩分を一切摂《と》らないなど大人しく療養していたのが功を奏したのか、体調は回復し、無事高校に復学することができました。いま思えば、医師の診断は誤診だったのでしょう。とっくに死んでいるはずの私が、66歳を過ぎてマラソンに目覚めて、いくつかの大会にも出場しているのですから。

この話をすると「罪作りな医者だ」という人もいますが、そのときは不幸だと思ったことが後になって「あの経験があったからいまの自分がある」と感じることがあります。英語で言えば"Blessing in Disguise"、不幸に見えて実はありがたいもの——あの経験はそのものだった気がします。15歳のときのつらい経験があったから、私は体を強くしたくて、20歳から今日に至るまで、泳ぐか走るか、毎週最低でも30分以上の運動を欠かさないようになりました。それもあってか70歳を超えたいまも、健康診断を受けるとオールA。若い女性医師に「うわ、すごい！ 20代みたいですよ」と言われて、これがちょっとした自慢です。

高校卒業後は一浪をして、埼玉大学教養学部に入学しました。よくある東京大学を目指して失敗したクチです。専攻は国際関係論。その頃から国際関係論に関心があり、東大以外の国公立では埼玉大学に同専攻があったのが理由です。

しかしここでまた、災難が降りかかりました。大学に入学して2週間目に父が倒れ、そのまま入院生活を送った後に半年で他界したのです。当時、国立大学の授業料は年に1万2000円と安かったのですが、それでも生活費もあり、月8000円の奨学金だけではとても賄えませんでした。教員になったばかりの兄からの月1万円の仕送りのほか、講義の合間に家庭教師や週末の学校の警備員など、週2~3回バイトを重ね、どうにか大学を卒業しました。いわゆる「苦学生」です。学校警備員のバイトは時給わずか95円でしたが、土曜日の13時から月曜日の8時まで連続43時間で4000円ほどになり、勉強もできて貴重でした。大学紛争で授業が1年なかったため、本はよく読みました。4年間で、国際関係についての英語やフランス語の本を40冊以上は読んだでしょう。高校の同級生の女の子に勧められて始めたフルートにも熱中して、鼻の手術での入院中や父親の葬儀の日にも練習してひんしゅくを買いました。こともあろうに東京藝大《げいだい》の先生に30分2000円という高額な授業料を払って師事したり、ウィーンの国連本部にいた頃はジュリアード音楽院卒の先生についたりしましたが、結局モノになりませんでした。それでも国連時代は仲間とチャリティコンサートを開いたりして、楽しいときを過ごしました。

体に自信がなかったこともあり、私の将来展望は「研究者」「学者」。就職活動はまったくせず、卒業後は東京都立大学の大学院に進みました。2年で修士論文を書いて、博士課程に進みました。しかし、ここで気づいたのです。「学者」になるのは相当難しい。周りを見渡してみると、誰もが大学への就職に苦労していました。40代の既婚者で、子供も2人いて、髪も薄くなっているのに、大学の定職に就けず、非常勤講師などで生活を支えている人もいる。これは酷《ひど》い……。漠然とした不安を研究に集中することで紛らわす日々でした。博士課程を終えても仕事がない「オーバードクター」の問題は最近はもっと厳しく、身につまされます。

そんなとき、学内の掲示板に「国家公務員上級職募集」のポスターを見つけました。受験資格は私にとってはぎりぎりの「28歳まで」。私は休学したり、浪人したり、大学院に行ったり、すでに26歳。普通、公務員試験を受けるのは22、23歳ですから、「え!? 28歳までいいの?」と驚きました。何よりも欧米の大学院の修士課程に2年間留学できる制度も付いています。留学の機会がほとんどなかった当時、それはものすごく魅力的です。急きょ、学者への道から国家公務員になる道に路線変更したのです。

そこから10か月は、国家公務員行政職試験の勉強をしました。試験科目にはあまり興味のなかった民法などもありましたが、「行政学」や「経済学」などの勉強は楽しかった記憶があります。結果、2800人ほどの受験生の中で9番目の好成績で合格。ただ、28歳以上は「高齢者」扱いで採用してくれる中央省庁はほとんどなく、唯一、「高齢者」も採用していた法務省に入省しました。1976年、28歳のときです。最初の配属は入国管理局（現在の出入国在留管理庁）。30年後に国連難民高等弁務官事務所（UNHCR）駐日代表として付き合うようになるとは知る由もありません。

とはいえ、ほかの省庁では幅を利かす上級職公務員も法務省では傍流でした。いまでこそ出入国在留管理庁長官は上級職出身の女性ですが、当時の法務省幹部はほとんどが司法試験を通った検事でした。そんなことも入省してからわかるほど、国家公務員に関する知識は乏しかったのですが、私の関心は人事院の「行政官長期在外研究員制度」という、各省から選ばれた若手公務員34人ほどを、国際化する行政に対応できるようにするため毎年送り出す留学制度。何しろ「世界中どの国のどの大学院に行ってもいい」「どんな勉強をしてもいい」という破格の条件です。給料も6割くらい出ます。それまでずっと学費（とフルートの授業料）を稼ぐためにバイトを重ね、勉強に集中できなかった私にとっては、夢のような機会に恵まれました。苦学しながら勉強していた私の前に現れたチャンス。Blessing in Disguise です。

入省してすぐに受けた省内選考試験の成績は1番でしたが、「入省順に」という人事課の方針で先輩が先に行くことになり、私は1978年6月からの留学となりました。そのときに在職していたのは訟務局租税訟務課です。

留学に際して私は、法務省では初めて、アメリカのビジネススクールに行き、会計学を専攻することにしました。ビジネススクールに行けばMBAはもちろん、USCPA（米国公認会計士）受験資格も得られることがわかって、国際化が進む中で、法務省でも将来役に立つだろうと考えたからです。留学先は、気候が良く会計の教授陣の揃《そろ》ったカリフォルニア大学バークレーのハース・スクール・オブ・ビジネスに決めました。私の当時の英語力ですが、ビジネススクール用のGMATではその頃の受験者の上位5％に入る930点だったものの、TOEFLは580点で並みの点数でした。いまと違い、ナマの英語に触れる機会が少ない時代です。「読む」力はともかく、「聴く」力が弱かったのです。簿記や会計学はまったく知らないので、その頃あった四谷の上智大学の夜間部で英文経営学を受講したり、東京の公認会計士試験予備校で簿記の授業を受けたりしました。

2年間、1日に12時間の猛勉強

こんなふうにして法務省入省の2年後、私は生まれて初めてアメリカの地を踏みました。留学直前に見合い結婚をした妻も伴っての留学です。コロラド大学での3か月のサマースクールの後、1000ドルで購入した中古車でカリフォルニアはバークレーに向かいました。

ご存じのとおり、アメリカのビジネススクールでは、これでもかと言うほど勉強させられます。人事院の留学制度で派遣される公務員は多くが難関大学の卒業生ですが、ほとんどが「こんなに勉強したのは生まれて初めて」と言います。1科目で1000ページぐらいのリーディング・アサインメントがありますから、読むだけでも大変です。クラスでの発言も成績の2割ぐらいを占めるので予習をしないといけません。1学期は10週間で中間試験とレポートがあり、プレッシャーは相当なものです。

こうしたMBAの勉強に加えて、私はUSCPA取得も目指しました。国費で留学させてもらってのチャンス、普通にMBAだけを取って帰るのはあまりにもったいないと考えたのです。

当時、日本人でUSCPA試験に合格していた者の総数は十数人と言われていました。いまでこそ日本国内でも受験できますが、その頃は日本では知られていない試験でした。アメリカ人でもUSCPA試験の5科目を同時に合格するのは難しいと言われる中で、絶対に合格しようと私は準備をしました。USCPAの受験参考書を読むと「大学の経営学部などで学んであれば、200時間程度の復習をすれば試験は通る」と書いてある。しかし私には英語のハンデがあるから「200時間」を倍の「400時間」にしよう。加えて、大学で会計学を学んでいないハンデもあるからさらに倍にして「800時間」の勉強をしよう、と単純な計算をして、それを2年間の毎日に割り振りました。授業のほかに修士論文の作成もあり、とても忙しかったのですが、2年目からは土曜日は朝の8時から午後4時まで、サンフランシスコのUSCP

A受験予備校に通いました。留学時代は朝から晩まで1日平均12時間程度は勉強をしていたと思います。休みは、日曜日の午後だけ。バークレーの丘に登り、ゴールデンゲートの向こうに沈み行く夕日を妻と眺めたものです。

ともにバークレーのビジネススクールで学んだ日本人は私のほかに4人いましたが、「MBAを取ってUSCPAに合格するのは絶対に無理だ」「サンフランシスコには青い空も海もあるのに、ヨットもテニスもしないで勉強ばかりするなんて、滝澤さんはアホだ」と思っていたようです。カリフォルニアでは有名なオークランド子供病院の医師で私たちのホストファミリーのセンズ夫妻もそう思っていたのでしょう。しかし、私は、これだけ勉強しているなら受かるはず、と信じていたのです。1980年5月、3日間の試験が終わったとき、解放感とともに手ごたえを感じたものです。

余談ですが、同時期に留学した公務員仲間たちは実に自由でした。「ロンドンでオペラを300回観《み》た」「コロラドでグライダーの滞空記録を作った」「アメリカの49州を車で回った」など。人事院の考え方は「世界で自由に見聞を広めてほしい」「世界にネットワークを作ってグローバルな人材になってほしい」。勉強漬けになるのも、自由な時間を謳歌《おうか》し交友関係を広めるのも、どちらでも良かったのです。1980年、日本経済が右肩上がりのいい時代でした。

さて、ＭＢＡを取得して、ＵＳＣＰＡの合格を待つ段階で帰国した私は、当時外国人の帰化などを主に担当する法務省民事局第５課に配属されました。２年ぶりにネクタイを締め、前後左右上下に気をつかいながらの生活に戻りました。

そんな中、７月ぐらいに私のもとにＵＳＣＰＡの合格通知が届きました。実は、バークレーを卒業する直前の80年5月に、外務省の国際機関人事センター長の藤原氏が、日本人国連職員の募集で来校したのです。大学・大学院時代に国際関係論を専攻し、国連についても学んでいましたから、国連職員には憧れがありました。とはいえ、国連職員は夢の夢、目指す目標としてはハードルが高過ぎると考えていたところに、募集の案内です。しかも勤務地は憧れのジュネーブ。降って湧いた国連就職の話に私は迷わずエントリーし、ニューヨークで内部監査部長の面接を受けました。面接は30分程度の簡単なもので、「来てほしい」という気持ちが明らか、感触は「採用」でした。しかし当時の採用課長の伊勢桃代氏には「最終決定にはＵＳＣＰＡ試験合格が条件」と言われていたのです。

これで国連採用が決まり。早速、法務省人事課長に相談をすると、「それでは法務省から２年の出向ということにしましょう」との話。ところが決裁が上がっていって最後の最後にまた一波乱です。伊藤榮樹《しげき》事務次官が「（滝澤は）２年アメリカに留学し、今度はジュネーブへ派遣なんてけしからん」と言って決裁が下りないというのです。人事課長は「申し訳ないが、諦めるか、法務省を辞めるか、どちらかにしてください。ただし辞めて行く場合でも、もし契約が続かなかったら法務省に戻しますという念書を書きましょう」と言ってくれました。日本的な配慮ですね。

国連職員を諦めるか、法務省を辞めるか——。私は悩みませんでした。長兄には長い手紙で強く反対されましたが、「いまになって国連職員への道を諦めるわけにはいかない、ならば退路は完全に断つべきだ」と、念書も断り、法務省を辞しました。

いずれにしても、アメリカ留学が私の人生の転機、ステップボードになりました。機会を与えてくれた法務省には本当に感謝しています。

退路を断ち、ジュネーブへ

ジュネーブに向かう飛行機に搭乗する前、同僚や友人が成田空港で歓送会を開いてくれました。飲んで騒いでいるうちに搭乗時間が迫ったことに気づきましたが、パスポートがない！ 別送品を頼んだ業者に預けてあったのですが、その事務室はもう閉まっています。真っ青《さお》になりましたが、業者が搭乗口前で待っていてくれました。ファイナルコールは終わっていて、搭乗口に走っていくと何人もの客室乗務員が早く、早く、と手招きしてます。私が席につくかつかないかのうちに出発です。最後までドタバタでしたが、飛行機が夜の滑走路を滑り出したとき、「もう日本には戻れない。前に行くしかない」と悲壮感で背中に戦慄が走ったことを、いまでもはっきりと覚えています。

「念書はいらない、退路は断つ」と大きな口を叩《たた》いてはみたけれど、国際機関という未知の世界で自分は通用するのだろうか、どんな困難が待ち構えているのだろうか。国際機関で働く日本人がまだ少なく、情報もなかった頃です。あのときの悲壮感は、その後の国連での仕事の中で岐路に立ったとき、私の背中を押してくれる力となりました。

到着した春のジュネーブは、花が咲き乱れ、アパートの窓辺には赤い花の鉢植えがズラリと並ぶ絵葉書そのままの美しい街でした。げんきんなもので、飛行機での悲壮感はすっかり吹き飛び、昂揚感《こうようかん》に包まれる中で私の国連職員としてのキャリアはスタートしました。

与えられたポジションは国連ジュネーブ本部内部監査部のP－2の専門職員。1981年4月の話です。紆余曲折《うよきょくせつ》を経て国連職員になった私ですが、当時は世界で自分の力を試したい気持ちはあったものの、「人のために役に立つ仕事をする」という自覚はなかったように思います。そう思うようになるのは、国連での28年のキャリアを重ねる中でのことです。

第2章　国連はグローバル化の先取り組織

〝専門分野〟〝待遇〟〝年齢〟——私が国連に入った理由

1981年、私の国連職員としてのキャリアにスタートしました。

前述したとおり、私は学生時代から「必ずや国連職員になる！」という強い志があったわけではなく、漠然と憧れがあっただけ。挫折と不運が続く中で試行錯誤をかさね、MBAとUSCPAのめどがついたときたまたま国連職員募集を知り、国連に転じたのです。不遇と感じても努力を続けていればチャンスは訪れる、道は開ける、ということかもしれません。

振り返ると国連職員を目指した理由は大きく分けて三つあります。

一つめにして最大の理由は、「専門分野で勝負ができる」ことです。

私はいつか必ず自分のためになると信じて、留学時にMBAとUSCPAの資格を取得しました。USCPAの試験は、5科目ある試験科目を何回かに分けて受験するアメリカ人が多い中、全科目を一度に受験し、合格しました。当時、アメリカ人であっても全科目同時合格率は6人に1人。日本の公認会計士の試験は非常に難しいのですが、その資格に国際的な通用性はありません。一方、USCPAは内容的にはそれほど難しくないものの、世界中で通用し、国際機関でも高く評価される資格です。実際、私も国連職員採用時に「USCPA合格を前提に」内定をもらいました。余談ですが、これは弁護士資格も同様です。国際機関を目指した履歴書に日本の弁護士資格を記入した場合、「日本の弁護士資格の取得はとても難しいそうですね、でも日本でしか通用しませんね」となってしまう。公認会計士同様、日本より易しいアメリカの弁護士資格を取得して初めて国際競争力のある武器になります。

話を戻しましょう。私は、国際機関は、MBAとUSCPAの二つの資格があれば対等に戦える職場だと考えました。アメリカ人でもMBAとUSCPAがあれば大手コンサルティング会社や会計事務所に高給で就職できます。実際、国連は実力主義の世界。年齢や年次、男女、出身国にかかわらず、「何ができるか」「どの分野の専門家か」で勝負が決まります。MBAとUSCPAがあるなら私にも競争力があると感じたのです。

二つめに魅力的だったのは、「給与・待遇面」。年間給与は当時で、日本にいた頃のおよそ3倍の800万円に。年間30日の有給休暇、子供が大学生になるまでの学費の75%の教育補助や2年に1回の旅費付き帰国休暇など待遇面も恵まれていました。いまでも、円の価値が上がったため円ベースでの給与こそ増えていませんが、ほかの待遇はほぼ同じでしょう。そうしないと、不安定な契約で危険地を含む世界中に転勤する国連職員になりたいという優秀な人材が来てくれないからです。

最後に「年齢」です。国連採用が決まったとき、私は33歳。最近では日本でも転職が当たり前という風潮になってきていますが、80年代はまだ終身雇用の意識が高く、30代でリスタートするのは困難でした。何よりステップアップ転職は難しく、転職するたびにポジションや待遇が悪くなるような時代だったのです。また、留学後、所属していた法務省に戻ったとしても、年齢的に6年歳下の同僚たちと肩を並べて仕事するのは窮屈に感じましたし、明るい将来もイメージしづらい状況でした。対して、何らかの専門性を持って採用に至る国連では中途採用が原則。専門職採用ゆえに30歳前後にならないと入れないケースがほとんどで、職員になった後も完全な成果主義。年齢のハンデは小さいのです。いままでの〝遅れ〟を一挙に取り戻せると考えました。

以上三つの理由から、私は国連職員を目指しました。現在はＪＰＯ試験（巻末「付録」参照）を受けて、国連職員になる道がスタンダードですが、その頃のＪＰＯ試験は現在のように毎年実施されてはいませんでした。私が国連職員を目指したときは、書類選考と面接だけでした。当時は国連職員についての情報がいまより格段に手に入りにくく、応募者も少なく、欧米の大学院で修士号を取っていれば職歴がなくても採用されたのです。国連職員を目指す人間にとってはいまよりずっと楽な時代だったとも言えます。

国連とはこんな組織

国連（ＵＮ）がグローバル化の先取り組織であることを紹介する前に、まずは国連機関について簡単に説明しましょう。

１９４５年に国連ができた当時は、規模も小さく、主に安全保障理事会や国連事務局が〝戦争と平和の問題〟〝開発問題〟〝人権問題〟の解決に尽力していました。その後、世界の文化財を扱う国連教育科学文化機関（ＵＮＥＳＣＯ＝ユネスコ）やグローバルな保健問題を扱う世界保健機関（ＷＨＯ）、復興と開発を担う世界銀行（World Bank）など、その時々の世界の問題に対応する形で専門機関が設立され、さらに難民の保護を目的とする国連難民高等弁務官事務所（ＵＮＨＣＲ）や世界の子供を助ける国連児童基金（ＵＮＩＣＥＦ＝ユニセフ）、開発の促進を担う国連開発計画（ＵＮＤＰ）など、国連総会が必要と認めた機関が次々に設立されました。これら98の組織で現在の「国連ファミリー」が形成されています。

かつての国際機関は、政策を議論し新たな国際的規範を作るというシンクタンク的な働きが中心だったために、多くの機関の本部がニューヨークやジュネーブ、ウィーンなどの都市におかれていました。そこで毎年何百も開かれる華やかな国際会議が国際機関のイメージでしょう。

現在は紛争地や開発途上国の現場での問題解決に重きをおく現場型の組織や、国連による平和維持など現場での活動が増え、本部にいる職員の割合は減少しています。

私が所属していたUNHCRを例にとれば、スタッフは本部2割、現場8割という構成でした。UNICEFやUNDPもほぼ同じ割合です。かつてはほぼ全ての職員がワシントン駐在だった世界銀行でさえ、現在は開発途上国での勤務が増えていますから、国連全体として「職員は問題のある地域に行って汗を流す」という傾向が強くなっています。紛争や貧困などのグローバルな問題はニューヨークなどで起きているのではなく、現場で起きているのですから、当然と言えば当然のこと。国連の任務は、いわゆるノーマティブ（規範的）なものからオペレーショナル（実践的）なものへと広がっているのです。

同時に世界の人々も「会議ばかりする国連」より「問題のある地域で解決に尽力する国連」を求めているように感じます。その要求は予算に反映され、国連事務局の年間費用が約3000億円なのに対して、UNHCRの年間活動費用は約4000億円、UNICEFは約7000億円、UNDPも5300億円ほどとなっています。国連平和維持活動も年間で約7200億円かかっています。グローバルな課題解決のためにかかるこれらの費用が高いか安いか、皆さんはどう思いますか？　ちなみに東京都の年間予算総額は約15兆円です。

国連の主要機関

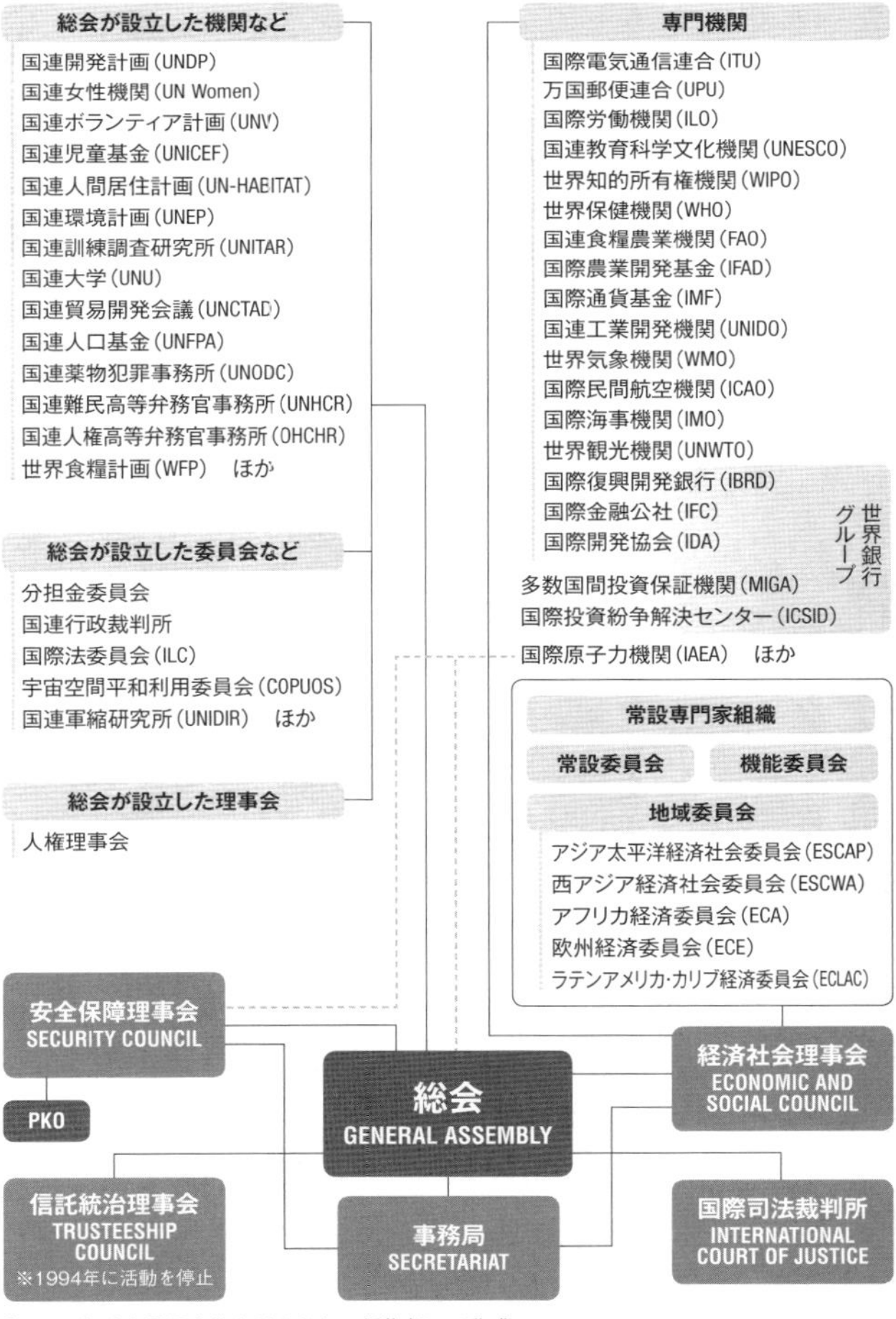
総会が設立した機関など
国連開発計画（UNDP）
国連女性機関（UN Women）
国連ボランティア計画（UNV）
国連児童基金（UNICEF）
国連人間居住計画（UN-HABITAT）
国連環境計画（UNEP）
国連訓練調査研究所（UNITAR）
国連大学（UNU）
国連貿易開発会議（UNCTAD）
国連人口基金（UNFPA）
国連薬物犯罪事務所（UNODC）
国連難民高等弁務官事務所（UNHCR）
国連人権高等弁務官事務所（OHCHR）
世界食糧計画（WFP）　ほか
総会が設立した委員会など
分担金委員会
国連行政裁判所
国際法委員会（ILC）
宇宙空間平和利用委員会（COPUOS）
国連軍縮研究所（UNIDIR）　ほか
総会が設立した理事会
人権理事会
専門機関
国際電気通信連合（ITU）
万国郵便連合（UPU）
国際労働機関（ILO）
国連教育科学文化機関（UNESCO）
世界知的所有権機関（WIPO）
世界保健機関（WHO）
国連食糧農業機関（FAO）
国際農業開発基金（IFAD）
国際通貨基金（IMF）
国連工業開発機関（UNIDO）
世界気象機関（WMO）
国際民間航空機関（ICAO）
国際海事機関（IMO）
世界観光機関（UNWTO）
国際復興開発銀行（IBRD）
国際金融公社（IFC）
国際開発協会（IDA）
多数国間投資保証機関（MIGA）
国際投資紛争解決センター（ICSID）
世界銀行グループ
国際原子力機関（IAEA）　ほか
常設専門家組織
常設委員会
機能委員会
地域委員会
アジア太平洋経済社会委員会（ESCAP）
西アジア経済社会委員会（ESCWA）
アフリカ経済委員会（ECA）
欧州経済委員会（ECE）
ラテンアメリカ・カリブ経済委員会（ECLAC）
安全保障理事会
SECURITY COUNCIL
PKO
総会
GENERAL ASSEMBLY
経済社会理事会
ECONOMIC AND SOCIAL COUNCIL
信託統治理事会
TRUSTEESHIP COUNCIL
※1994年に活動を停止
事務局
SECRETARIAT
国際司法裁判所
INTERNATIONAL COURT OF JUSTICE

「imidas」時事用語事典などをもとに編集部にて作成

ところで、国連事務局が加盟国の分担金、つまり義務的な支払いで成り立っているのに対して、ニーズがどんどん増える現場型組織の予算は加盟国からの自発的拠出金、つまり寄付金で成り立っています。「人件費や旅費など基本的な費用は出すから、現場で人を助ける費用は自分で集めるように」というわけです。そうなると、これら組織は、どのような実績を残しているか、その成果をどれだけ少ないコストで成し遂げているか、を問われます。税金や寄付金である以上は無駄遣いをしてほしくないという思いを反映して、経費率の少ない組織ほど加盟国からの自発的拠出金が増えやすいということから、国際機関の間では一種の「経費削減競争」が起きているのです。私が長く務めた財務関係部局の主たる仕事は経費削減の旗振り役です。

UNHCRへの拠出上位国推移

		国名	拠出額	拠出率
2013年	1	アメリカ	1,040,847	38.3%
	2	日本	252,939	9.3%
	3	EU	186,238	6.9%
	4	イギリス	155,358	5.7%
	5	スウェーデン	112,592	4.1%
2014年	1	アメリカ	1,280,327	38.3%
	2	EU	271,511	8.1%
	3	イギリス	203,507	6.0%
	4	日本	181,612	5.4%
	5	ドイツ	139,383	4.1%
2015年	1	アメリカ	1,352,454	40.2%
	2	イギリス	262,284	7.8%
	3	EU	191,578	5.7%
	4	日本	173,500	5.1%
	5	ドイツ	142,859	4.2%
2016年	1	アメリカ	1,513,336	39.9%
	2	EU	362,518	9.5%
	3	ドイツ	360,122	9.5%
	4	イギリス	222,110	5.8%
	5	日本	164,726	4.3%
2017年	1	アメリカ	1,450,360	37.2%
	2	ドイツ	476,919	12.2%
	3	EU	436,037	11.2%
	4	日本	152,360	3.9%
	5	イギリス	136,219	3.5%

(単位：千米ドル)

外務省 国際協力局
緊急・人道支援課の資料より

結果、人件費は抑えられ、仕事量は増える。ある意味、スタッフの犠牲のもとに世界の困っている人々――難民や貧困層への支援量が増えるという面も否めません。当然のことながら、このような事情は国際機関でのスタッフの働き方に影響してきます。

日本企業と国際機関の働き方の違い

国際機関での働き方は、日本の企業とはだいぶ異なります。最近では、日本の企業も働き方をグローバル標準に合わせようとしていますが、まだまだです。

たとえば、労働時間。日本では「長時間労働は美徳」という意識がまだ根強く残っているようです。政府が声高に働き方改革を謳《うた》うものの実際には、古い感覚が残る上司がいつまでも仕事を続け、なかなか帰社しないゆえに部下も帰れないとか、大部屋で働いているため、定時に帰ることが少ない同僚を意識して、急ぎの仕事がないのに残業をすることもあると聞きます。企業への忠誠心と勤勉が評価される要素の一つが長時間労働という点もあるのでしょう。

一方でノー残業デーなどを設けている企業もあるようですが、人手不足の中で仕事が終わらず自宅に持ち帰ったり、早朝出勤するケースなど、実質的なサービス残業も少なくないようです。それにはさまざまな要因があるのでしょうが、勤務時間内に仕事を終わらせることを是とする労働観がないということも理由の一つに感じます。

対して国際機関では、長時間労働は非効率の表れとされかねません。上司のほうが一般職員よりも抱える仕事量が多いので、どうしても残業になりがちですが、上司が定時帰宅できなくても、部下は仕事が終われば帰ります。基本的に個室制なので、周囲の目を気にする必要はありません。「集団同調圧力」がないのです。

国際機関では、何日も残業していても「頑張っている」とは評価されず、むしろ「仕事ができない」と言われかねない。または、上司による仕事の配分がおかしい、ということになる。残業＝組織への忠誠心という等式はないのです。そういう私もほぼ毎週末出勤をしていましたが、どう思われていたのでしょうか。

短時間で仕事を終えるのですから、当然、労働生産性は国際機関のほうが高い。私の肌感覚では、国際機関の労働生産性は日本の組織の2倍以上ではないでしょうか。より短い時間で質の高い仕事をする――国際機関の辞書には「過労死」という言葉も実態もありません。

また、職場での人間関係についても国際機関と日本の組織には違いがあります。国際機関では、自ら積極的に情報収集を行い人間関係を作っていかないと取り残されるシビアさがありますが、日本の組織で目立つ無意味な気遣いや忖度《そんたく》はありません。日本の商社で働いたあるイギリス人学生のインターンが書いてました。「日本の会社では人間関係維持のために80％の心理的エネルギーを使っているようだ」と。法務省での勤務経験からもそのとおりだと思います。

日本では部や課などのグループ単位で仕事に取り組むので、忙しい人がいれば、チーム内の誰かがフォローをするのが常です。対して国際機関では各人の仕事内容が細かく決まっています。たとえば秘書も「お茶出し」は契約に入っていませんから、「お茶を淹《い》れて」なんて気軽に言ったとしたら「お茶くみは私の仕事ではありません」と断られてしまいます。仕事が個人単位で分割されて、責任と権限が1～2ページの職務記述書"Job Descriptions"に明確に書かれています。まず仕事があって、そこに相応《ふさわ》しい人材を配置する、「ポストに人を」というイメージ。必要であれば、多様な人材を外部から調達することも一般的です。外部市場から国際的に専門家を探すので、その都度、ポストに合ったスペシャリストを配属することができます。専門性に基づいた「ジョブ型雇用」です。

対して日本の組織はずっと一緒に働く仲間を雇用する「メンバーシップ型雇用」がまだ主流で、いろいろな部署に異動させて長期的に組織にとって必要なジェネラリストを育成します。「人にポストを」です。組織の一員としてはそれ以上ない人材を育てるわけですが、個人としての専門性はあまり育たず、ほかの組織では通用しない。日本の組織から国際機関に転職しづらい一つの理由は専門性が育っていないからです。今後は日本でも「ジョブ型雇用」が増えるでしょう。

働き方の違いでもう一つ目立つのは、国際機関では年齢、国籍、男女についての差別がないことです。たとえば女性職員は全体の4割以上を占め、実績を上げれば男性同様昇進できますし、結婚・出産などもハンデにはなりません。最近では幹部への昇進でも女性が抜擢《ばってき》されています。フレックスタイムや出産休暇、育児休暇などが制度化されているので、女性にとっては働きやすいと言えます。

ただし、開発途上国勤務（現場勤務）を繰り返すUNHCRのような組織になると、結婚・育児の両立は厳しいのが現状です。独身のままでいたり、結婚していても違う国で別居というカップルもかなりいます。両立については、人事当局も夫婦を同じ勤務地に送る、などの対策をとっていますが、出会う機会がそもそもない、といった日本人スタッフの悩みも聞きます。もっともそこら辺の事情は日本国内でも同じかもしれません。

国際的転勤と専門職・契約制度

国連職員には、世界中のさまざまな問題を解決するための即戦力が求められています。ゆえに国連ではすぐに動いて問題解決に貢献できる専門職人材が求められます。

よって採用時に30歳未満はごくわずかで、職員の平均年齢は46・6歳（2015年現在、以下同様）。エントリーレベルと言われるP－2でも平均年齢は36・4歳です。

雇用形態は多様で、大きく次の3種類があります。

① 1年未満の臨時雇用契約
② 1年以上5年以内の雇用契約
任期満了の際に契約が更新されることも、されないこともあります。長期間継続して勤務していたとしても継続雇用が保障されるわけではありません。
③ 基本的には65歳の定年までの雇用が保障される契約
競争試験合格者や任期付き雇用契約で一定年数以上勤務し、勤務成績が優秀な人間に対し付与されます。ただし、この制度を導入していない国際機関も多くあります。

私が国連に採用された1981年頃には、採用後2年経つと終身雇用であるパーマネント契約を結んでもらえましたが、現在、パーマネント契約は廃止され、ほとんどの職員が契約雇用です。最も多いのは2年契約。よって、多くの国連職員は1年（あるいは2年）ごとに成果を出し、認められなければいけません。契約が延長されなかったり、昇進の見込みがないときにはほかの機関の同様な職種に転職することがごく普通です。

私も国連でのキャリアスタートはジュネーブの本部でしたが、後に国連パレスチナ難民救済事業機関（UNRWA）のウィーン本部、ヨルダン事務所、レバノン事務所で働いたあと、ウィーンの国連工業開発機関（UNIDO）を経て、UNHCRに移りキャリアを終えています。一貫しているのは、監査、会計、予算などの財務畑であったこと。

国際機関を渡り歩く転職で良い点は、同じ財務の仕事でもその経験と幅が広がること。財務的に安定した組織もあれば、財政危機の真っただ中の組織もあって、当然、抱える問題も解決策も異なります。管理職になればヒラの専門職とは違った能力が求められます。多様な経験は国連組織内でより影響力のあるポストに就く上で大きな強みとなるわけです。

国連職員の職場は世界各国。主要な事務所はニューヨーク、ジュネーブ、ウィーン、ナイロビの4か所ですが、現地事務所は国連加盟国193か国に広がるので、世界中が職場なのです。順次公表される空席情報をチェックし、エントリーし、自らを売り込む――この作業は国連職員であれば普通の光景です。それを落ち着かない、しんどいと思わないと言えばウソになりますが、常に緊張感を持って仕事に臨み、自分の「個人としての国際競争力」を確認する作業でもあり、「世界で誰かの役に立つ」ためには避けられないことなのです。

本部勤務は2割、開発途上国勤務が8割

現在の国連は全職員のおよそ8割を開発途上国に駐在させる即応型フィールド主体の組織です。語学力はもちろん、現地のスタッフとのチームワークや異なる文化への理解が必要になります。開発途上国では、非常に厳しい現実を見て、気持ちが沈む場合も少なくないし、紛争地域では人生の理不尽さに立ちすくむこともある。派遣される地域によっては、ライフラインが整わず、テロや紛争などのリスクと隣り合わせで治安の悪い環境での勤務もあります。しかしながら、困っている人々と直接触れ合い、問題を解決し、感謝されるたびに自分の仕事を誇りに思い、やりがいを感じる職員がほとんどです。誰かに感謝される仕事、誇りを持てる仕事ができるということは素晴らしいことです。

私が国連キャリアの後半を過ごしたUNHCRは特に厳しい環境で仕事をする職員の多い組織で、「さまざまな理由から国を逃れた人々を救う」という非常にわかりやすいミッションがありました。すべての国連組織がわかりやすいミッションを持っているわけではありません。

たとえば私も勤めたＵＮＩＤＯのミッションは〝工業開発〟。なぜ工業開発のために国際機関が必要なのか？という問いに答えるのは難しいのです。

また、ＵＮＨＣＲは非常に同窓意識が強い組織です。なぜなら、苛酷な現場で「同じ釜の飯を食った」グループがたくさんあるからです。２～３年で別の派遣先に転勤することが多いので、「あの人とはイラクで一緒だった」「この人とはミャンマーで仕事をした」「この人はボスニアで自分のボスだった」「あいつは南スーダンで部下だった」というふうに、さまざまなグループが重層的に連なって、それぞれのつながりが非常に強い。日本の組織でも同期会や同じ出身県や出身校の会が存在すると思いますが、ＵＮＨＣＲにはそれに似たグループが存在します。もっとも、強い仲間意識、身内意識には無意識のうちに〝よそ者〟を排斥してしまう傾向もありました。

私がＵＮＨＣＲに財務局長として赴任した際も、「マイレージを稼いでいない人間にいったい何ができるんだ？　滝澤は何か月持つのかな」と様子を見られていたようです。マイレージとはつまり、勤務環境の厳しい国から国へと移動してきたその蓄積数ということ。ＵＮＨＣＲでは、マイレージが多い人ほど尊敬されていました。私はＵＮＲＷＡ時代に内戦中のベイルートに勤務するなど、難民支援の現場経験があったのでＵＮＨＣＲのスタッフになんとか受け入れてもらえましたが、前任者のスウェーデン人（大使経験者）は8か月で辞めてしまいました。マイレージが不足していたのが原因の一つだったようです。

英語はできて当たり前

国際機関では、公用語は六つありますが、中心になるのは英語。実用レベルの英語力がなければ仕事はできません。後に触れるJPO試験などの合格者の平均点は、TOEFLで105点。100点以下の場合、専門資格などで補う必要があります。もちろん、医者や弁護士など言語を補うスペシャリストは、英語力が少々低い場合もありますが、それでもTOEFL100点前後は欲しい。特に必要なのはライティング能力。国際機関には書類文化があります。メールや書類でのやり取りが頻繁に行われますから、読み書く力は必須です。

国際機関で働く場合、言語はツールです。ツールだからこそ、できないという選択肢はないのです。英語ができなかった場合、ほかの能力が長《た》けていても、軽んじられ、ほかの能力を発揮する場面もなくなってしまう。英語ができないことは致命的です。

さらに、課長職以上の場合はもう1か国語、つまり母国語と英語以外にもう一つ語学を習得することが条件になります。多くはフランス語とスペイン語。私も国連に入ってから2年間、朝5時に起きてフランス語を学び、フランス語で仕事ができるというレベルの国連職員を対象にした国連語学検定試験（Language Proficiency Examination）に合格しました。ただ、2か国語をマスターするのは日本人にとっては非常に難しいことで、LPEの試験の際には必須ではありません。二つの言語が中級よりも、一つが上級であるほうがいい。私が新人だった頃、ジュネーブの国連では、英語で質問をしてもフランス語で返されたり、話している相手が英語とフランス語をちゃんぽんしたりするケースがありましたが、最近では英語が主流になっているようです。インターネット時代に英語の地位が上がり、フランス語やスペイン語の地位が相対的に下がってきたと言えます。

たかが言語、されど言語。繰り返しになりますが、国際機関では英語はできて当たり前。できれば、もう1か国語を身につけて勝負したいものです。

国際機関の人事制度

さて、国連ではポストがランク付けされ、それによりスタッフの権限や給与が変わります。国連事務局を例にとって説明しましょう。

大学院修士号を持っていて、2年ないし3年の職務経験を持つ専門職員として入ると、普通、

国際公務員のランク（UNHCRの例）

ランク	代表的職責	修士修了者の 一般的な必要職業経験 年数（目安）
USG	高等弁務官	-
ASG	副高等弁務官	-
D-2	局長	20～25年
D-1	部長	15～20年
P-5	課長	10～15年
P-4	-	8～10年
P-3	-	5～8年
P-2	-	2～5年

著者への取材をもとに編集部にて作成

「Ｐ－２」となります。ＰはProfessionalのＰです。年俸は地域調整給があるため勤務地で大きく変わりますが、エントリーレベルのＰ－２のステップ１で配偶者がいる場合、ニューヨークやジュネーブで手取りで８００万円ぐらいです。所得税はかかりません。その後、目安としては５年ほどで「Ｐ－３」、８年で「Ｐ－４」、10年で「Ｐ－５」、日本の省庁の課長クラスに相当します。多くの職員がこのレベルで定年となります。年収は勤続25年で手取り１３００万円ほどでしょうか。

経験年数で15年以上になると、実績によって「Ｄ－１」「Ｄ－２」と昇進していきます。ＤはDirectorの頭文字です。ＵＮＨＣＲを例にとると、「Ｄ－１」が部長、「Ｄ－２」が局長。ここまで行くのは１００人に１人か２人。その上は、「ＡＳＧ」が副高等弁務官、

「USG」が高等弁務官となります。ただ、これはあくまでも目安。組織の大きさで格付けも異なりますし、3年くらいでP－3になる人もいれば10年かかる人もいます。

2019年末現在、国際機関で専門職として働く日本人職員数は882名。うち87名がD－1以上の幹部職員です。女性職員が60％強です。志が高く、能力も高く、目的意識のはっきりした、いわゆるデキる女性が、国際機関を目指します。グローバル化が進みつつあるとはいえ、日本の組織は、まだまだ男社会。意欲と実力のある女性は世界に活路を見出すのでしょう。

専門職以上は個室

国連での初日、驚いたのは個室が用意されていたことでした。

日本では、一つのフロア（大きな部屋）に部長以下、部員全員が机を並べるのが一般的ですが、国連では専門職員以上は原則として個室。秘書など一般職員も2人で1部屋が基本です。ちょうど、大学の研究室のようなもので、ひとりでレポートを読んだり、書いたりすることが多い国連の仕事には非常に適しています。自分が仕事をしやすいように部屋を整えることもできますし、他人の目を気にせずマイペースで仕事ができるのはありがたかったです。

とはいえ、この個室制にも問題がないわけではありません。日本のような大部屋制であれば、わからないことや迷うようなことがあった場合、容易に隣の席の人に相談することもできますし、打ち合わせの際も一声では難しくとも、二、三声をかければ皆が集まります。電話や会議の様子から、部内、局内の動きも自然と目に入るので、重要な動きについては特別な説明がなくとも、なんとなく理解できることが多いでしょう。

ところが、国際機関では、些細《ささい》な質問でもメールを使用するか、同僚の部屋まで訪ねていかなければいけません。質問や相談したい相手が別階にいるときは面倒ですし、場合によっては秘書に面会を申し込まなければいけないケースもあります。

私が働き始めたのはメールもなかった時代。同じ課の職員でも何日も顔を合わせず、お互いにいま何をしているのかわからないことも日常です。

個室制であるがゆえ、こちらからコンタクトをとらないと、いつまでもひとりぼっちになってしまいます。大部屋制の日本のオフィスでは、人間関係が過剰で、机に本を並べたりパソコンで同僚の視線を遮って個人的空間を作っています。個室制の国際機関では、逆に人間関係が過少になりやすく、自ら積極的に人間関係を作っていかないと孤立してしまいかねません。どちらかと言えば人見知り気質の日本人には、仕事に集中できる点ではいいと思いますが、コミュニケーションを豊かにする点ではハードルが一つ増えてしまうかもしれません。

そんな中、同僚とのコミュニケーションを確保する手段はコーヒータイムでした。その時間帯には多くの職員が喫茶室に向かいます。この時間が打ち合わせや情報を得る大切なチャンスになります。新人時代の私は、「勤務時間内にお茶を飲みに行く」ことに後ろめたさを感じ、なかなか足が向きませんでしたが、同僚は「それは美徳ではなく、貴重な情報源から自分を遠ざける怠惰な態度である」と言っていました。

そんな私でしたが、キャリアを重ねるごとに、お茶（と夕方のワイン）の時間を大事にするようになりました。「人間関係と情報源は自ら作る」、国際機関での生き残りの基本です。

国連は政治的競争社会（組織内の論争からアイディアが生まれる）

国連は実力競争の社会です。おおむねやりがいはありますが、自分の信じることを達成するために、常に上を目指し、息を抜く間がない状況が続きます。一匹狼《いっぴきおおかみ》が多いので、和気あいあいと協力し合うというよりも、論争や対立が目立ちます。これには、国際機関に入る日本人職員の多くが驚きます。

「世界中の困っている人々を助けたい」、国連がそんなピュアな志を持った人が集う国際機関であるなら、事務局長から秘書に至るまで有能な職員が一致団結、世界の人々のために働いていると思われがちですが、それは必ずしも正しくありません。

考えてもみてください。国連職員の出身国は193もあります。多くの国で民主制度が機能せず、言論の自由はおろか、政府が意見の異なる者を逮捕したり、武力で弾圧したりしています。だからこそ難民も出るのです。

語弊はありますが、そのような政治文化を持つ国で育つと「悪しき政治的行動」が身につくこともある。具体的には「自分の失敗を過小評価して業績は過大に吹聴する」「大切な情報を秘匿する」「機密情報をリークする」「ライバルの悪い情報を流す」「積極的な誹謗《ひぼう》中傷をする」などの行動です。

日本人的な感覚では、これらはすべて望ましくないことで、こうした行動が目立つと人間性を疑われますが、国際機関ではこれらは珍しくなく、それに対していちいち憤っていてはストレスが溜まるだけ。政治的行動に自らが参加するか否かは別として、国際機関には政治的行動が多いということを事実として認識すべきです。

また政治的行動がすべて個人的利益を狙った「悪しきもの」なのではありません。「困っている人を助ける」ために、その方法を示し、同志を結集し、予算をとるために奮闘するスタッフもいます。それは理想を実現させるためのポジティブな政治的行動です。国のレベルでみれば、国連は各国の思惑がせめぎ合い、少しでも自らの国の利益になるよう論争を重ねる場ですが、個人のレベルでも世界の公益をめぐる政治的行動がみられます。自分の信じるプログラムの実現のため、加盟国に拠出を求めて説明とロビーイングをする、などはその例です。

国連憲章には職員の政治的中立性が謳われていますが、それは出身国の利益のために働かないという意味であって、「恵まれない人々を救うための政治行動」が禁止されているのではありません。「政治的行動」を避けがちな日本人は、結果的には影響力のある立場に就けず、ビジョンを実現できない可能性があります。

国際機関にみられる組織内政治やそれに伴う対立がすべて好ましくないわけではありません。場合によっては組織にとって良い結果をもたらすこともある。コンセンサスに重きをおき過ぎる職場では、不満や異論が抑圧された状態が続き、組織を活性化できない場合もある。協調するためにそれぞれがその場しのぎに徹して口をつぐめば、ユニークなアイディアは封殺されるのです。

普段は隠されている組織内の利益の違いが顕在化し、問題点がみえると、組織はその解決に向かい行動し、活性化します。論争に慣れていない日本人にとって、自分の意見を押し通そうとする者の多い環境で働くのは神経をすり減らしますが、むしろその建設的側面を利用するべきだと私は思います。

実際、かつては沈滞していた感のある国際機関でも、マネジメント改革の流れの中で、過去の伝統にとらわれず、リスクを承知で新しいアイディアをとる勇気が尊重されるようになってきました。管理職の職務記述書には、「チェンジマネジメント」「リスクテイキング」「イノベーション」「リーダーシップ」などの言葉が並んでいます。「組織内の軋《きし》みと不確実性に堪える能力」も挙がっていて、これも国際機関内部でのマネジメント文化の変化と「望ましい行動」を示唆しています。言い換えれば、ポジティブな政治的行動が評価されるようになっているのです。

自己主張が求められる

アイディアや利害の対立が避けられない国際機関の環境にスタッフはどう対応しているか――まずは、紛争に対するいくつかの行動パターンを紹介します。

第一に、相手を打ち負かすためにあらゆる手段をとり、戦いや衝突を好むパターン。子供の頃から自らの利益や考えを強く、アグレッシブに主張することに慣れている中東諸国やアメリカ人スタッフに多いタイプで、日本人には非常に少ないタイプです。トランプ大統領がこのタイプの典型例かもしれません。

第二に、相手の言うことを全面的に受け入れて、とにもかくにも対立を終結させることに尽力する受け身の、パッシブなタイプ。または対立状況から完全に身を引き、相手との接触を断って交渉にも応じないタイプ。このようなパッシブな対応は、日本人を筆頭にアジアやアフリカ人のスタッフに多く見受けられますが、その場を丸く収めるだけで根本的な解決にならない。不満を言わずに我慢に我慢を重ね、ある日突然キレて辞表を出すようなこのタイプは国際機関では理解されません。

第三に、相互の利益と相違点を確認し、共通の利益を探し出すアサーティブなタイプ。上手な自己主張ができるタイプとも言えます。このタイプの人は、必要に応じて妥協や取り引きもして、両者が納得する形で利益の対立と紛争の決着を図ります。ヨーロッパ出身のスタッフに多い印象があります。

日本人に圧倒的に多いのは2番目のパッシブなタイプ。一般的に日本人は対立や紛争への対応が上手ではありません。画一的な考えが評価される日本文化の中では意見や利益の違いは言語化されないまま圧殺される傾向にあり、紛争の存在はネガティブに捉えられます。実際には残る問題が解消されたことにされ、対立と紛争は内在化します。積もった不満は好き嫌いの個人的な問題に転化され、人間関係を悪化させます。その結果、紛争を処理する技術も向上しないのです。日本人の幹部職員がなかなか増えなかった理由の一つが、自己主張を是としない文化にあると私は思います。私が知る国連の幹部はおしなべてアサーティブでした。これについては後に触れます。

「野心家」は褒め言葉

国際機関では「野心家」は日本のようにネガティブな言葉として使われることはなく、褒め言葉です。こんな例がありました。

ある日本人の女性はP－4、日本の企業で言えば課長一歩手前のプロジェクトリーダーのときから、公然と「私は少しでも早くP－5（課長）になりたい。早くディレクターになってさまざまなプロジェクトを立ち上げたい」と言っていました。そんな彼女を周囲は「野心家だね」と評していましたが、こうでなければいけません。もちろん、実力が伴わずにそうしたことばかりを繰り返すと「あれ？　彼女、そんなことを言うんだね。（仕事が）できないのに」と言われますが、力を蓄えた上でもっと上のポジションを目指すことは評価されます。

自分の意欲を公言するのは、常に人材を探している上層部の「レーダーに映る」ことなので、大切です。たとえ仕事ができても、自ら「次はこうしたい」「私はこのポジションに行きたい」とアピールしなければ「あの人は仕事ができるけれど、何も言わないからいまのポジションのままでいきましょう」となってしまいます。謙虚な姿勢を好む日本人には苦手なアプローチですが、「やりたい、できます！」と手を挙げるスタンスを続けた人と何もアピールしない人とでは、10～20年後に大きな差が開いてしまうのが国際機関です。

かくいう私の場合は、33歳でP－2として国連に入り、43歳でP－5、56歳でD－2と比較的順調に昇進しましたが、毎年のように応募を繰り返すことで各地の「レーダーに映っていた」こともあるかと思います。ちなみに前述の日本人女性は、10年後の現在D－2となり、ある開発途上国の事務所長をしています。

人の行く裏に道あり花の山

前述のとおり、私の国連でのキャリアは国連ジュネーブ本部内部監査部の職員からスタートしました。内部監査部は、行政管理庁と会計検査院を合わせたようなもので、企業で言えば監査役室にあたり、国連事務局を始めＵＮＨＣＲ、国連貿易開発会議（ＵＮＣＴＡＤ）などの会計ならびに業務監査をすることがその役目でした。

アメリカの大学院で学んだことが直接活《い》きる部署だったわけですが、国連の中では地味な仕事です。国際機関で働きたいという人の多くは、UNHCRの難民保護官とかUNICEFの子供の保護官、または国連ニューヨーク本部の広報官といった目立つポストを希望するのですが、私の経験上、人事、財務、法務、ITなどの官房系ポストでキャリアをスタートすることにも利点があります。

国連を目指す人にはあまり知られていないのですが、官房系ポストはどの組織にも必ず存在します。知られていないがゆえに、志望者も多くはない。いきなり政務官や広報官などの目立つポストを目指すと、最初から世界中の人々との競争を余儀なくされ、採用される可能性は低くなり、昇進も容易ではない。しかし、官房系ポストは日本の企業や官庁にもあるため、そこで働いた経験がある人には採用の可能性が高まります。まずは官房系ポストで知識と経験を広げ、組織内の転職で主流のポストに進出するというのも一つの戦略です。国際機関は入るときのハードルがとても高いですが、内部での異動は比較的容易だからです。

財務や人事、調達、法務やITなどは国際機関ではどちらかというと傍流ですが、日本の官庁や会社ではそれなりに重みを持ったポスト。几帳面《きちょうめん》で真面目な日本人には合っていると思います。加えてニューヨークなどの本部にポストが多いというのも魅力かもしれません。

また、傍流が主流になることもあります。たとえば、ここ数年、国連内での監査の地位は上がってきています。一般企業同様、国際機関でも経費の削減は重要なテーマ。組織の合理化、透明性、説明責任も重要視され、内部監査部門に職員数百人を抱える大きな内部監査局（OIOS）に成長し、そのトップは十数人いる国連事務次長（USG）のひとりです。40年前には同組織のトップがD－1であったことを考えると、隔世の感があります。内部監査の急成長は国連の機構改革の象徴と言えるでしょう。

監査の後で私が担当した予算と財務について。私は2000年前後、UNIDOが深刻な財政危機に陥ったときに財務部長として財政面での問題を洗い出し、職員数の半減といった大規模リストラに関わりました。また、2002年から財務局長として勤めたUNHCRでは、深刻な予算不足の中で人件費の高いジュネーブ本部のダウンサイジングや財務の透明性の改善に力を入れました。

UNHCRへの拠出国が常に求めるのは資金の効率的使用、透明性と説明責任です。私はそれが一目でわかるようなダッシュボードを作ったのですが、そのようなアプローチはUNHCRでは初めてだったろうと自負しています。その際には、「問題を見つけ」「なぜそうなったかを分析し」「解決策」につなげるという社会科学的な考え方で仕事に取り組みました。

予算・財務の仕事は、単に数字があっているか否かを探るだけでなく、数値から問題点を洗い出して可視化した上で、組織のあり方や組織の文化までをも改革する一種のコンサルティングのような仕事です。それはチャレンジングでやりがいのあるものです。また、財務や人事など官房系のポストのいいところは、どの国際機関にもあるため、ほかの機関の（より上級の）ポストにも応募することが可能なことです。それだけ昇進の可能性が増えます。たとえば気象の専門家だったら世界気象機関（WMO）以外にポストを探すことは難しいでしょう。人事や財務のトップは、組織の中でかなりの影響力を持ちますし、そこからさらに国連ファミリーの中で活躍する道も開けます。そういう意味でも官房系ポストを狙うことはいいことだと考えています。

人の行く裏に道あり花の山——あえて傍流からスタートして主流に向かうのも一つの方法です。官房系ポストは組織にとっては不可欠なもの。世界の人々を直接的でなくとも間接的に助ける方法、誇りの持てる仕事です。

国際機関職員に望ましい三つの資質

よく、「国連職員になるにはどんな資質が必要ですか？」と聞かれます。

これについては「正解」はなく、国際機関職員の経験者がいろいろな考えを示していますが、私は今までお話ししてきたことを踏まえて、三つの資質にまとめたいと思います。

第一は、「誰かのために働きたい、助けてあげたい」という強い気持ちです。コンパッション、思いやりとも言えます。「世界の恵まれない人たちのために貢献したい」という素朴かつ崇高な気持ちは、厳しい国際機関においてときとして直面する困難な状況を乗り越える支えとなります。

第二は、実際に外国で人々を助けることのできる能力です。助けたいという善意だけでは足りません。たとえば国際機関では英米諸国の職員と並んで英語で仕事ができるだけの力がなければいけません。語学力がなければ却って足手まといになります。また、国際機関は専門職の世界ですから、経済であれ法律であれ、専門的な知識とそれを使った経験が必要です。さらに、途上国の現場で活躍するには、心身がたくましいこと。精神的・体力的にハードな場面も多く、文化の違う相手を理解し受け入れる包容力のほかに、競争心も必要です。課長以上の幹部クラスになると、自分の部署の管理能力だけでなく、他部署との交渉や、予算を増やすための政治力も必要です。自分を省みる謙虚さと同時に、ストレスや批判にも耐え得る「鈍感力」も欲しいところです。

国際機関職員として持つべき問い

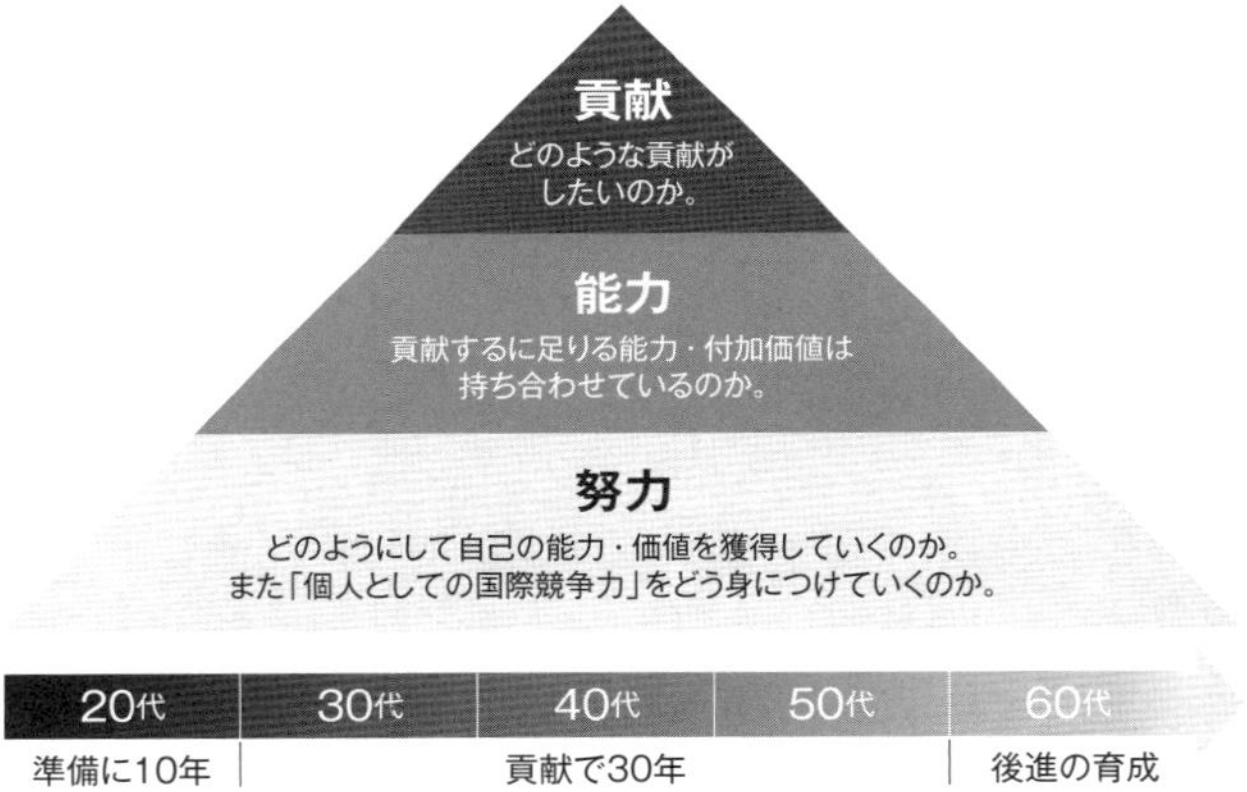

第三は、そのような能力を身につけるために絶え間ない努力ができることです。外国でひとりで自立して暮らすことだけでも大変です。まして見知らぬ国の見知らぬ人を助けるのは想像以上に困難で、そのような能力は一朝一夕にはできあがりません。キャリアを通して、常に勉強を続ける必要があります。いつも前を向いて、「自分は、いま、何をすべきか」を問い、自分を磨き続ける能力、それが第三にして、最も大切な資質と言えるでしょう。

第3章　難民問題と国連——いま世界で起きていること

国連難民高等弁務官事務所（UNHCR）とは

この章では、私が財務局長・駐日代表として2002年から2008年まで勤務した国連難民高等弁務官事務所（UNHCR）と、初めての日本人職員として1983年から1991年まで働いた国連パレスチナ難民救済事業機関（UNRWA）が扱う「難民問題」について述べたいと思います。

世界の歴史をたどると、迫害や紛争を逃れる難民はずっと昔からいました。ただ、難民を国々が協力して国際的に保護するようになったのは、第一次世界大戦を契機としたロシア革命後からとされています。1920年に起こった干ばつから続いた寒波で、3000万人もの人々が飢えと寒さと伝染病に苦しみました。そこで国際連盟から派遣されたのが、初代難民高等弁務官であるフリチョフ・ナンセンでした。ノルウェーの極地探検家である彼はヨーロッパでは知らない人はいないほどの人物。幾度もの過酷な探検を乗り越えた彼をもってしても、当時のロシア難民の状況は酷いものだったようです。

彼はその窮状を国際機関に訴えますが、聞き入れてもらえず、難民たちの実情を映画化することで世界の耳目を集め、結果、世界中から500万ドルを集めました。映画に映し出された多くの屍《しかばね》の映像には「永遠に閉ざされた彼らの唇が、あなたの同情を呼び起こしますように。我々は助けなければならない」という印象的なナレーションが重なります。

ナンセンは難民が国境を越えられるように難民パスポートを発行したことでも知られ、ノーベル平和賞も受賞しています。

続く1930年代には、ナチスドイツの台頭により、ドイツから大量のユダヤ人が流出。彼らの保護を目的としたドイツ難民高等弁務官が設置され、1939年にナンセン国際難民事務所とドイツ難民高等弁務官が、国際連盟難民高等弁務官に統合されました。

その後、6000万人もの難民を生んだ第二次世界大戦時には、連合国が主体となり、1943年に連合国救済復興機関（UNRRA）を設立しました。しかしUNRRAはアメリカを中心とした西側諸国がソ連の影響を嫌い、十分に機能することができずに1946年にその役目を終えます。難民問題が国際政治に翻弄される例です。

UNRRAの閉鎖以降、難民の保護事業は、1948年に設立された国際難民機関（IRO）へと引き継がれましたが、IROは欧米主導で構成されており、その保護対象もナチス政権による犠牲者か東欧諸国から西側諸国へと脱出した難民と非常に限定的なものでした。同年、国連総会にて「世界人権宣言」が採択されたことを背景に、難民問題は国際社会が引き続き取り組むべき問題であるとの認識が定着。1950年国連総会決議によりUNHCRの設立が決定されました。それからほぼ70年、現在、UNHCRが活動するのは、世界135か国以上。およそ1万2000人の職員が世界中で活動をしています。

国際政治を揺るがす難民問題

2015年9月、地中海のトルコ沿岸に打ち上げられたシリア難民の少年の遺体写真は世界中に衝撃を与え、多くの人々に同情を呼び起こしました。ドイツのメルケル首相は「シリア難民はすべて受け入れる」と宣言し、それを機に100万人を超す中東からの移民・難民がドイツに流入したことは、記憶に新しいと思います。

私個人としては、その行為に感心しましたが、このメルケル首相の決断がひきがねとなって起きた難民の大量流入のため、東欧諸国を中心に反移民・反難民感情が沸き上がり、EUの政治危機を引き起こし、移民・難民のヨーロッパからの締め出しに至りました。こうした流れは、2016年にイギリスがEU離脱を決めたり、アメリカでトランプ大統領が選ばれる一因にもなりました。「少数の難民」の存在が「多数の国民」の結束を固め、ナショナリズムを強化する——最近、さまざまな国で目にする国境管理の強化と右傾化の遠因の一つには、難民問題が

UNHCRの地域別支援対象者数（2018年）

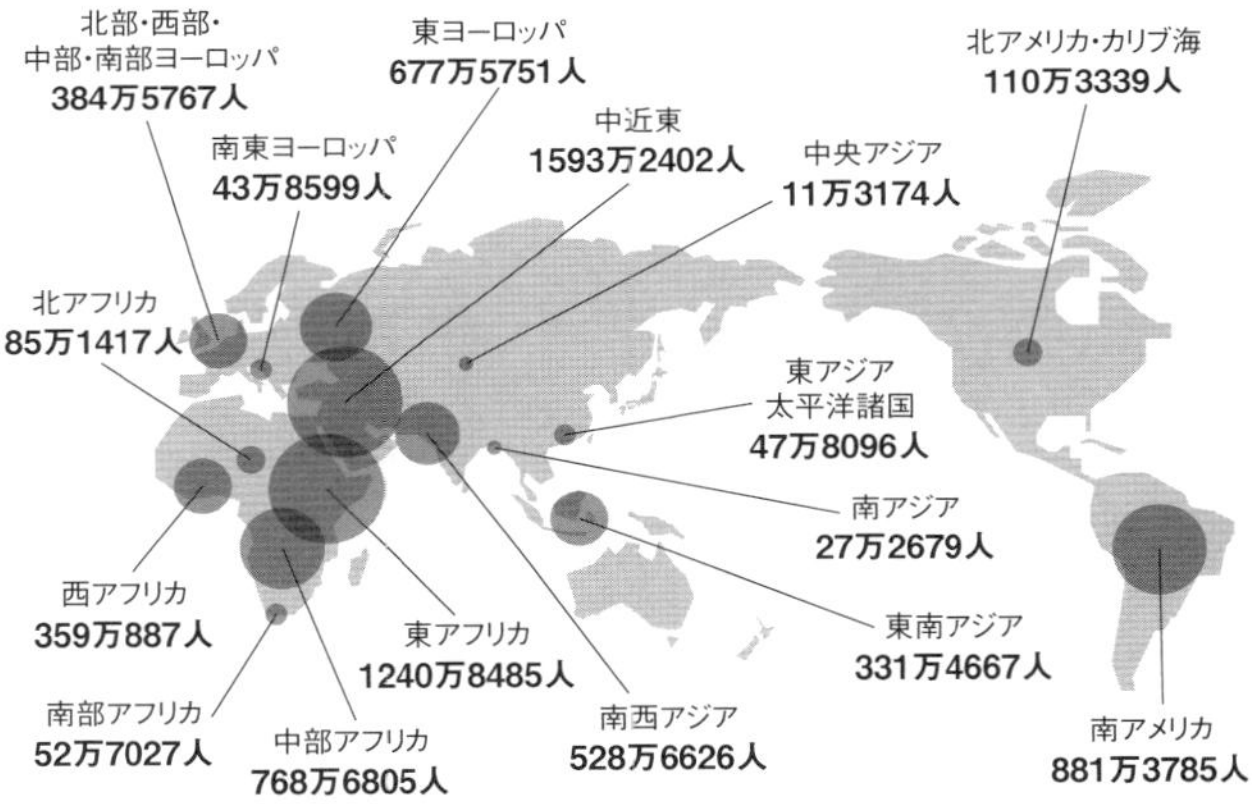

「UNHCRの難民援助活動2019」の資料をもとに編集部にて作成

あります。

中東の動乱から発生した移民・難民の移動が、欧米諸国での政治危機を引き起こしたこれら一連の事態は、難民問題のダイナミズムと影響の大きさを示しています。世界が狭くなったいま、難民問題は一国のテーマを超えて、国際政治を揺るがす問題になっています。悲惨な難民の姿を目の当たりにすれば、誰しも胸が締め付けられますが、彼らの保護のために、多大な経済的・社会的・政治的なコストを引き受けざるを得ない受け入れ国の葛藤も無視することはできません。

２０１１年にシリアで内戦が始まって7年。人口２２００万人のうち推定で40万人が死亡し、６２０万人が国内で避難、６７０万人が難民となり、いまだ解決をみることができません。

難民問題は中東とヨーロッパに限られたことではなく、アフリカやアジア、中南米にもあります。ベネズエラからは2019年時点で約400万人が流出しています。UNHCRのグローバル・トレンド（"Global Trends 2018 : Forced Displacement in 2018"）では、2018年末時点で紛争や迫害で移動を強いられUNHCRが保護・支援をしている人はおよそ7480万人、パレスチナ難民500万人を加えるとほぼ8000万人になります。同年の世界の総人口が76億3100万人ですので95人に1人が移動を強いられたことになる。2018年の新たな避難民は推定1360万人で、1日平均3万7000人もが避難民になっているのです。ちなみに8000万人のうち、外国に逃れた難民は2590万人、国内で避難する人々（国内避難民）は4130万人でした。難民より国内避難民のほうが多いのです。

現在、「領土」「国民」「統治権力」が三位一体となった〝ウェストファリア体制〟のもとで国際社会は193の国に分かれています。しかし、実際にはこの理想型をすべての国家が保つことは不可能で、多くの国ではガバナンス（統治）が脆弱《ぜいじゃく》です。これほどの数の国民国家があれば、統治が乱れる国が出てくることは避けられません。

たとえば大学の講義でも、150人の学生がいれば30人は私語をしていたり、寝ていたり、ほかのことを考えていたり、スマホを見ていたりします。そういえば、パレートの法則というのがあります。たとえば20％の努力が80％の結果を生む、20％の原因が80％の問題を引き起こす、といった経験則です。2割の学生・生徒が8割の問題を引き起こす、というのは、世の多くの先生の実感ではないでしょうか。それからすると20％の国が80％の難民問題を生む、と言えそうです。「問題を抱える国家」という表現をするなら、2割どころではない、半分以上の国家が何らかの問題を抱えているように感じます。その中でもアフガニスタン、シリア、イラク、最近ではベネズエラなどの国々が、国が壊れるほどの大混乱に見舞われ、日々、難民を生み出しているのです。

難民って誰のこと？

「難民って誰のこと？」と聞かれたら、あなたはどう答えますか？　日本では大手メディアですら「引っ越し難民」とか「買い物難民」などという表現を日常的に使いますが、本来の「難民」の定義は違います。

国際法上では「難民の地位に関する条約（難民条約）」（1951年）と「難民の地位に関する議定書」（1967年）によって、難民とは次の四つの条件すべてを満たす人のことを言います。

①　人種・宗教・国籍・政治的意見・特定の社会集団に属するという理由で
②　迫害を受けるという恐怖があるために
③　自国の外にいて
④　自国の保護を受けることができない、または受けることを望まない人

難民となった原因については、①の五つの理由のどれかに該当しなければなりません。「政治的意見」はしばしば反体制運動家への弾圧の根拠に使われます。「特定の社会集団」には性的少数者や非人道的な因習にさらされる女性などが含まれます。古くから問題になっているユダヤ難民や最近報道されているミャンマーのロヒンギャ族の大量脱出などは「人種」「宗教」「国籍」すべてが絡んでいます。

また②の「迫害の恐れ」は本国で生命や自由が脅かされるということですが、本人が主観的に恐怖を感じているだけではなく、そのような恐怖を感じても無理はないと客観的に認められる状況でないといけません。「客観的に」認めるのは、基本的には受け入れ国政府です。

さらに③は、難民であるためには外国にいなければいけないということ、④は内戦などで治

安を維持する力が政府にない場合や、政府に追われている場合です。政府軍、反政府勢力、「イスラム国（ＩＳ）」が相乱れて戦い、国家が崩壊してしまったシリアなどが典型的な例です。

このように難民を定義すると、難民とはかなり限られたカテゴリーに属する人々なので、「難民でない人」として保護対象から除外される人々がたくさん出てきます。武力紛争で住み慣れた土地から逃げて、国内のほかの場所で避難生活を送っている「国内避難民」もそうした人々です。彼らは国外に移動していないため、難民条約上の難民ではありません。しかし、世界中で国内避難民は難民よりも増加しており、２０１８年時点で４１３０万人に達します。彼らは適切に援助されなかった場合に、国境を越えて難民となる可能性もある「難民予備軍」です。

同様に仕事を求めて他国に移動する「経済難民」も本来の「難民」ではありませんが、微妙な問題を含みます。生活の基盤を失い、「生きるために国外に出る人々」は、一見、経済的な理由だけで国を出たように見えますが、背景に民族、宗教などによる差別や迫害があれば、難民に該当する可能性があります。

また、気候変動などによって、この先数十年以内に数千万人の「環境難民」が発生すると専門家は指摘しています。そのような場合は自然環境の変動による移動なので、難民には当てはまらない。しかし温暖化などで農村部から都市部への移動を強いられ、それが原因で武力紛争に至り、少数民族や宗教集団が迫害されるような場合には難民に該当するかもしれません。たとえば、670万人の難民を生み出したシリア紛争の原因の一つは、干ばつで150万人近い人々が都市部に移動し、社会的緊張が高まったことがきっかけだと言われています。

そのほかにも難民か否かの判断が分かれるケースに、国内での武力紛争を逃れて外国に逃げたいわゆる「紛争難民」がいます。アフリカ統一機構（OAU）難民条約や中南米の難民条約に当たる「カルタヘナ宣言」では、紛争難民を難民としていますが、国際的な難民認定基準とされるUNHCRの「難民認定基準ハンドブック」（UNHCR駐日事務所訳）では、長らく紛争難民は「通常は、難民条約又は議定書に基づく難民とは考えられない」としてきました。

このため21世紀になって増加したアフリカ・中東地域の「紛争難民」に対し、国際社会は十分に対応できているとは言いがたい状況です。UNHCRは2016年に「紛争難民が発生した状況を丁寧に見ていくならば、宗教迫害や少数民族迫害などによって条約上の難民となる可能性が十分にある」と注意喚起していますが、反難民の流れが世界で渦巻く現状ではあまり変化は期待できません。

冷戦終結後に変わった難民マップ

ＵＮＨＣＲが発足した１９５１年は、難民条約ができた年です。当時は、第二次世界大戦で生まれた戦争難民（約６０００万人）のうちの約２００万人を支援することが、ＵＮＨＣＲの主な仕事でしたが、１９５０年にはアメリカとソ連を中心とした東西の冷戦が始まっていました。

鉄のカーテンに遮られた東側の共産主義国では、それまで自由を楽しんでいた人々が非常につらく苦しい思いをするようになりました。結果、自由を求めて西側の国々を目指す「政治亡命者」が生まれたのです。当時の政治亡命者の多くは、意識が高く、資金力があり、ネットワークもあるいわゆるエリートでしたし、ソ連圏諸国の共産主義に見切りをつけて逃げて来た人々として、西側諸国は彼らを歓迎しました。私のＵＮＲＷＡ時代の上司だったスウェーデン人の奥さんも東ドイツからの亡命者でした。ただ、そうした人々の数は比較的少なかったと言えます。

たとえば、一九五六年のハンガリー動乱では20万人がハンガリーからオーストリアに逃げましたが、今日のシリア難民は６７０万人に上ります。東西冷戦時代の政治亡命者は現在の紛争難民と比べると少なく、宗教的・文化的背景も似ていました。したがって、受け入れも支援も容易で、いまのように難民排斥運動が起こることはなかったのです。

難民の状況が大きく変わったのは、冷戦終結後です。1989年に冷戦の象徴的存在であったベルリンの壁が崩壊し、東欧諸国の民主化が進みました。米ソ対立の終焉《しゅうえん》は国際社会に平和をもたらすと世界の多くの人々が思い、いわゆる「平和の配当」に期待しました。ところが実際には、米ソの重しが外れたことで冷戦時に保たれていた微妙な民族的・宗教的均衡が崩れ、内戦が起きた国や、それが国境線を越えて地域紛争に拡大するなどの事態が増えたのです。

その中で、ボスニアやルワンダでは数十万人単位の虐殺が起こり、10万人単位、100万人単位で難民が周辺国に流出しました。これに冷戦前から続く紛争難民、経済移民問題が加わり、一部はヨーロッパに逃げるなど、「マージナルな遠い国の問題」とされていた難民問題は、国際政治を動かすだけでなく、私たちにも身近な問題になりました。

結果、難民は増える一方で、受け入れのドアを閉め始める国が増えてきました。その理由は、すでにこれ以上は無理なほど多くの難民を受け入れていたり、難民の受け入れで国家の運営が厳しくなると考える政治家が増えたためなどです。そのため、行き場のない難民がどんどん増えて難民キャンプなどに長期滞留することになる、これが現在の難民問題の状況なのです。

現在、ＵＮＨＣＲが保護、支援を行っている人々はおよそ７４８０万人。その対象は、難民・国内避難民・無国籍者・庇護《ひご》申請者・帰還者など多岐にわたります。その中で難民以上に大きな割合を占めているのが、難民予備軍と呼んでいい国内避難民です。世界中の国内避難民を考えると、難民の約2倍になる。増え続ける難民と人数で上をいく国内避難民問題が、いま世界の頭を悩ませる難問の一つです。

冷戦終結以降、国内紛争により増加の一途をたどる国内避難民ですが、当初、彼らの支援はＵＮＨＣＲのミッションではありませんでした。主権国家体制が謳われている国際社会では、国内避難民は各国の人権問題として扱われ、当事国以外の国や組織が支援に踏み出すことは内政干渉に当たります。つい最近も、新疆《しんきょう》ウイグル自治区で１００万人もの人々が強制収容所に入れられ、中国共産主義の再教育を受けている報道をアメリカが問題視し、指摘した際に「これはわが国の内政問題である」と中国が反発したことがニュースになりました。

国内避難民がＵＮＨＣＲの正式な支援対象となったのは、冷戦終結後の１９９１年、サダム・フセイン政権下のイラクにおいてでした。イラク北部に居住するクルド人が湾岸戦争後に弾圧を受け、それに対して武力蜂起したものの、イラク軍の反撃に遭い、結局クルド人たちは、イランとトルコにそれぞれ庇護を求めました。しかし、両国が難色を示したため実現せず、アメリカがイラク国内に安全地帯を設置し、ＵＮＨＣＲやその他の国連人道支援機関がイラク国内でクルド人の保護・支援を行うことになりました。

当時の緒方貞子国連難民高等弁務官は、国境のすぐ向こうで人々が苦しんでいるのを座視できない、としてイラク内に入って援助することを決定しましたが、この決断が、ＵＮＨＣＲのそれ以降の国内避難民支援に向けての転換点になりました。

しかし、クルド人支援については功を奏したとはいえ、国内避難民問題は主権国家体制を鑑みると、非常に微妙な問題です。国内紛争の増加に伴う国内避難民の急増とその悲惨な状況を受け、20年ほど前から「保護する責任論」が国際社会で議論されるようになりました。保護する責任論とは、ある国で紛争や、政府が国民を虐殺するような事態が起きた場合、周辺の国や国連が中心となって、本国の代わりに国民の保護に当たるべき、という考え方です。内戦状態に陥るなど国内が混乱している場合には、国際社会が人々を保護するというわけです。

ところが、実際に「保護する責任」を果たそうとすると、なかなかうまく機能しない。「外国の軍隊が入ってくるのは嫌」「自分の国のことは自分たちで解決する」「内政干渉は止《や》めてくれ」と言うわけです。特に中国などは「保護する責任論」にはっきりと「ノー」を突きつけます。そこに正義があっても、当事国の拒否があれば国際社会は引き下がらざるを得ないのが、現実なのです。

また、国内避難民の命を救おうと（そして難民としての国外流出を防ごうと）、国連の安全保障理事会の許可を得て多国籍軍などが送り込まれても、却って状況が悪化する場合もあります。冷戦後、混乱する中東の国々を収拾しようとアメリカを中心とする多国籍軍が参入したイラクやリビアでは、ますます混乱が深まり、何十万人もの人々が命を失ったり、難民・国内避難民となりました。

「保護する責任」は、理屈上は美しいのですが、人命を救うという意図に反して混乱を大きくしてしまい、最悪の場合は国を崩壊させてしまう危険性も伴う難しい選択でもあるのです。

緊張事態への対応

このように日々増えていく難民ですが、ＵＮＨＣＲは難民の発生という緊張事態にどのように対応するのでしょう。ＵＮＨＣＲでは、世界のどこかで紛争が迫って武力衝突になりそうだという情報を得た場合、それによりどの程度の難民が出るか、リスクに応じたシナリオを作ります。紛争が大規模であれば10万人、中規模であれば５万人、小規模であれば２万～３万人という想定で三つぐらいのシナリオを作り、それに基づいて準備を始めます。

まずは物資を調達します。これはスウェーデンのストックホルムのほかドバイなど世界7か所に常時60万人分程度ストックしてあるものを運び込みます。支援要員としては、さまざまな人道支援組織のスタッフを含め、2000人を超すスタッフが緊急事態に備える訓練を受けており、必要な人員が72時間以内に現地に到着できる態勢が整えられています。

難民たちが流れてくる前にキャンプを設営しなければなりません。キャンプの場所は難民たちの出身国のすぐ外。難民条約に加入している国では難民を保護する責任がありますから、各政府とUNHCRが交渉をして、難民キャンプの土地を決定します。

その上で、「国境なき医師団」などの医療関係組織、食糧を担当する世界食糧計画（WFP）、子供の保護をする国連児童基金（UNICEF）などの人道支援組織と、難民キャンプの環境が整うよう調整をします。テントやシェルターの設置については、UNHCRが責任を負い、食糧はWFPが準備します。

井戸を掘ったり、トイレを作ったりするのはUNHCRのエンジニアの役割です。何もないところからのスタートですから、場合によっては野宿をしながらの作業になります。スタッフは慣れたものですが、一つの町を作るような大仕事。命を救うためのその機動力は素晴らしいと思います。一例を紹介しましょう。

ミャンマーから逃げて来た70万人のロヒンギャ難民を収容するキャンプは、バングラデシュの南東部に位置する丘陵地帯にあります。2018年の3月に私も訪れました。貧しいバングラデシュの中でも特に貧しい地域で、粗末な家がパラパラとあるような場所。そこに70万人を擁する大規模難民キャンプが作られました。木を伐採し、ブルドーザーで丘陵地帯を平らにして、電気や水道のないシェルターを10万戸以上作ります。共用の井戸が6万か所、トイレは3万2000か所です。私も井戸掘り作業をしてみましたが、きつくて単純な作業を3日間ぐらい続けてやっと1本の井戸ができます。それまでは象が棲《す》んでいた場所ですから、象に踏みつぶされた難民もいたそうです。そんな土地を、スピード感を持ってときに難民自身の協力も得ながら整備していくのもUNHCR職員の仕事です。

ちなみに前述したバングラデシュは人口が1億6400万の貧しい国の一つですが、そうした国が、100万人を超す難民を受け入れている事実には頭が下がります。

パレスチナ難民のいま

「世界の難民」と聞くと、パレスチナ難民を思い浮かべる人もいるかもしれません。現在、パレスチナ難民は約500万人、世界の難民の5人に1人です。

世界中の多くの難民がUNHCRの保護下にありますが、パレスチナ難民に限りUNRWAが保護します。私は1983年から1991年まで、初めての日本人職員としてUNRWAに勤務しました。その頃のことも含めて、パレスチナ難民のいまをみてみましょう。

パレスチナ難民の歴史は古く、UNHCR創設前、1948年の第一次中東戦争（イスラエルとアラブ諸国の戦争）により75万人のアラブ人が難民となりました。彼らがもともと住んでいたところがパレスチナと呼ばれていたため、パレスチナ難民と呼ばれるようになりました。パレスチナ難民を支援してきたUNRWAの定義ではパレスチナ難民は「1946年から48年の間にパレスチナに住んでいて、戦争の結果、住み処《すみか》と仕事を失った者及びその子孫」です。注意すべきは、後に触れるように、この定義がUNHCRの対象である難民の定義（難民条約に定める迫害の恐れの有無）とまったく異なっていることです。

2018年現在、540万人のパレスチナ難民のうち約142万人がパレスチナ自治区のガザに、約85万人が同自治区のヨルダン川西岸に住み、ほか、東エルサレム、ヨルダン、レバノン、シリアなどに住んでいます。パレスチナ難民は1948年に発生し、現在は第3世代、第4世代になっています。1983年から85年にヨルダンに駐在していた頃の難民の数は220万人ぐらいでした。パレスチナ難民キャンプを訪れ、「こんな酷い所に35年も暮らしているのか」と思ったものです。それからさらに35年が経ちましたが、難民をめぐる状況は悪化するばかりです。

イスラム主義政党ハマスの支配下にあるガザ地区は、イスラエルによる10年以上続く封鎖が強化され、人や物の出入りは大幅に制限されています。しかも08年から14年の間、三度の大規模な軍事侵攻を受け、現在10万人が仮住まい、人口の8割が援助物資に頼る生活を強いられている。失業率は50％以上とも言われています。

シリアでは52万人がパレスチナ難民として登録されていましたが、２０１１年からのシリア内戦により、再び難民となってしまいました。レバノンにシリア難民が約１００万人流入したことは記憶に新しいですが、レバノンに逃げた難民のうち約10万人はパレスチナ難民なのです。

以前から約47・５万人のパレスチナ難民が登録されているレバノンでは、最近のシリア難民の流入後に公式の難民キャンプは作られていません。このため、彼らはレバノン各地の町の空き地や村の一角のシェルターで息をひそめるようにして暮らしています。約70年前に作られたキャンプの人口は数倍になり、環境は劣悪で、子供の２割以上に発達障害や心理的な問題が生じているという調査もあります。中でも再び難民となったシリアからのパレスチナ難民は特に脆弱で、95％以上の食事が不足し、90％以上の家庭でトラウマを抱えた家族がいると報告されています。

UNHCRが支援する難民条約に基づく難民は、ひとりひとりが迫害されているか否か、今後も迫害される可能性があるか否かが難民認定を受ける大きな判断基準になります。ですから、親が難民であっても子供が必ず難民とされるわけではありません。ところがUNRWAの場合、その定義は適用されず、孫子の代でも難民とされます。ゆえに当初は75万人だったパレスチナ難民が、現在は540万人を超えてしまいました。そして、今後もその数は増えていくと予想されています。

70年にわたり、パレスチナ問題が解決をみないどころかその目途すら立たない中で、国際社会は何ができるのか。2018年、アメリカのトランプ政権は、UNRWAへの拠出金の全面的な打ち切りを公式に発表しました。彼らの言い分は「UNRWAはアラブに近過ぎる。パレスチナ難民に必要以上にシンパシーを感じ過ぎている」→「創立当初の難民支援が厚過ぎて、難民の自立を阻止してしまった」→「数十年前、難民第1世代の頃に支援を軽減していれば、難民は自立し、受け入れ国に同化し、UNRWAは役目を終えていたはずだ」というものです。

この考えはイスラエルがずっと言い続けていることで、イスラエルに非常に近い立場にいるトランプ政権がその影響を受けているという向きもありますが、「UNRWAがパレスチナ難民問題を長引かせている」という論が大国から出始めていることは事実です。しかし、そのような考え方はパレスチナ難民にはまったく受け入れられません。自分たちが住んでいたところにイスラエルという国が作られ、自分たちは追い出され、しかもそれを国連が認めた。故郷に帰ることも補償もされていないのは不正義だ。その不正義が正されるまで、UNRWAが我々を支援するのは当然だ。これは経済的な問題ではなく、道義の問題なのだ、と。トランプ政権は、パレスチナへの巨額の経済支援を約束することでイスラエル・パレスチナ和平を達成しようとしていますが、パレスチナ側がそれに応じない背景には、パレスチナ問題を経済の問題に矮小化《わいしょう》しようとするトランプ政権への反発があるのです。

たしかに、多くのパレスチナ難民がUNRWAの小中学校で教育を受けてます。大学まで進み、UNRWAの支援を脱し、中東諸国でエンジニアや医師、ビジネスマンとして活躍する人もいます。UNRWAの学校を訪れると、教育こそが自分の将来を開く唯一の道、と信じる子供たちの勉強熱に圧倒され、彼らの目の輝きに希望を感じます。しかし封鎖の続くガザでは、学校教育を受けても仕事がまったくなく、UNRWAの支援で生きるのに精一杯だという現実があります。外国に移住することもできない難民の若者は将来に絶望し、けがをしたり死ぬことを覚悟で反イスラエルデモに参加したりします。パレスチナ難民の怨念と絶望に満ちたガザは、膿《う》んだ傷のような熱を帯び、中東一帯を不安定化させているのです。

難民キャンプの人口は3分の1に減少

ここでパレスチナ難民を離れて、再びＵＮＨＣＲの難民キャンプについてお話ししましょう。難民を一時的に受け入れる場として難民キャンプがあります。ならば、難民が紛争の鎮まった祖国に帰る、あるいはほかの国に移住して難民キャンプの人口が減り、いずれは閉鎖される、と考える人が多いのではないでしょうか。

実際には一度できた難民キャンプがなくなるケースは、ほとんどありません。現在、その可能性があるのはタイ西部国境地帯にあるミャンマー難民キャンプです。30年以上前にできた難民キャンプですが、ミャンマーでは２０１１年に民主化が始まり、カレン族などは少しずつ帰還し始めています。ＵＮＨＣＲも帰還を支援していますが、長い間、キャンプで生活してきた人々の子供たちは、故郷がミャンマーだという意識が希薄で、むしろタイに親近感がある。ミャンマー政府は帰ってきてもいいよと言いますが、逃げて来た故郷は破壊され、住宅や仕事もない。知人とも離れ離れ。当然、帰国の腰は重くなります。２０１７年の夏にキャンプを訪れたとき、10万人ほどいるミャンマー難民のうち、正式に帰国した人は１５０人程度と聞きました。2019年になって、ようやく500人ほどが帰国したようですが、まだ難民キャンプにいるか、あるいはバンコクやその近郊で、移民労働者として暮らしている人々のほうが圧倒的に多いのです。

そうなってくると、難民を支援する拠出国の中には「帰還ができるミャンマー難民にはお金を出さない。優先すべきはシリア難民や、2017年からバングラデシュに逃げた90万人のロヒンギャ難民だ」という考えが出てきます。結果、学校は減り、医療サービスも縮小するなど、さまざまな負の連鎖が始まります。ミャンマーに帰る意思もなければ、このまま難民キャンプにいてもいいことはない。ミャンマー難民キャンプはこの先どうなるのか、という不安に満ちていました。

この例のみならず、難民全体の数は増えていますが、「難民キャンプにいても未来はない」と考えて、都市部に出て行く人々が増えました。都市部に行けば仕事がある、そこで小銭を貯《た》めることもできるし、可能性は低いながら西側諸国に再定住事業で移住する夢もみられる。とはいえ、夢は簡単に現実に結びつかず、都市部のスラムなどで暮らす難民が増えているのです。かつて〝難民は難民キャンプにいる〟という時代がありましたが、現在、難民キャンプにいる難民は2000万人を超す総数の約3分の1程度です。他方で、580万人の難民が20年以上の避難生活を送っている現状があり、「長期化した難民生活」が問題になっています。これまでキャンプを中心に支援してきたUNHCRですが、このような実態を踏まえ、今後は都市部の難民も支援すべきではないか、という議論を2009年から始めました。都市部のスラムなどに散在する難民を捜して支援することは一面では困難ですが、他方ではIT技術を使い、スマホに現金を送って、食糧など生活物資を商店で買ってもらうなどの革新的方法が可能になります。

難民グローバル・コンパクト

絶えることのない国内紛争、8000万人にまで膨れ上がった国内避難民と難民、難民の流入に脅威を感じ入国を厳しくしつつある国々、人間としての権利を制約された長期にわたる難民生活……。今日の世界は「難民の時代」とも言えます。このような事態の打開を図って、国連総会は2016年に史上初めて移民と難民にかかる討議を行い、「ニューヨーク宣言」を発しました。

それを受けて2018年12月、国連総会はUNHCRが準備した「難民に関するグローバル・コンパクト」を採択しました。そこでは、難民支援には多様なステークホルダーが関与すべきこと、民間セクターと連携して革新的な人道支援の方法を探すべきこと、人道支援と開発援助を結び付けた包括的なアプローチをとるべきこと、出身国、受け入れ国、第三国の間の公平な責任分担を図ること、などが謳われています。

その上で、四つの新しい方向性を示しています。

第一は、難民の受け入れ国と協議をして、難民に教育と労働の機会を与え、経済的自立を促進すること。難民を受け入れる国は、自国民が必ずしも仕事に恵まれない中で、難民に稼働許可を与えると労働市場に悪影響を及ぼしたり、難民の帰国を妨げる可能性を危惧しています。結果、多くの難民たちは就労許可を得られず、非合法に働かざるを得なくなり、不当搾取などの人権侵害に見舞われることがあります。他方で、自国では普通に働いていたのですから、技術や働く意欲を持っています。少子高齢化の進む国では難民は貴重な戦力となり得ます。2015年以来、100万人を超す難民を受け入れたドイツでは、難民を将来のドイツ国民にする、という戦略的な発想が広がっています。UNHCRは、このような事例を紹介しつつ、難民の自立のために受け入れ国に粘り強く働きかけています。

第二は、受け入れ国に対する支援です。トルコやレバノン、ヨルダン、バングラデシュなど貧しい国にたくさんの難民が流れ込む中で、学校や病院が混雑する、物価が上がるなど、多くの問題が起こっています。そうした大変な重荷を背負いつつ、受け入れ国になってくれている開発途上国の負担を、先進国がＯＤＡ（政府開発援助）などを通じて財政的支援を与える形で軽減するのです。日本政府も、すでにイラクなど中東諸国の平和構築と安定化のために６５００億円の援助を行っていて、受け入れ国の政府や国民から感謝されています。

そして第三には、キャンプに何十年もいて、先がまったく見えない、しかも体が不自由だったり寡婦だったりなど、非常に弱い立場である人たちを、日本を含めた先進国が「第三国定住事業」という形で受け入れることです。似たようなものに、難民を留学生として受け入れる方法もあります。後述しますが、日本もこれを実施しています。

最後に、一番難しいことですが、難民が逃げ出した国の内戦を終結させて、政治の安定化を進め、難民の自発的な本国帰還を可能にする、つまり、難民の発生した根本原因を正すということです。言うまでもなく、これは非常にハードルの高いミッションです。

以上の四つの方向性が「難民グローバル・コンパクト」の骨子です。どれだけ実現できるかは未知数ですが、世界に向けて「難民問題を解決する道はある」というメッセージを発することは必要です。一方で、そうした国連での意識をあざ笑うかのように、多くの国が難民の締め出しを図っています。特に、これまで最も難民に優しかったアメリカの難民政策はトランプ政権下で急激に悪化、第三国定住による受け入れ数をかつての10万人から3万人ほどに減らしたり、難民支援予算を削るなどの動きがあります。

アメリカの問題は政権が変わればまた異なる方向に進む可能性もありますが、世界の難民問題がますます混沌《こんとん》としてきたことは事実です。難民の国際的保護体制は危機に面しています。その中でグローバル・コンパクトが採択されたことは希望を持たせます。グローバル・コンパクトをいかに実践するか、そして日本は何ができるか、次項以降で改めて考えたいと思います。

「難民鎖国」日本の難民政策

日本の難民政策は特異です。難民条約に加入後の1982年から2018年末までの37年間の統計をみると、日本政府はわずか750名を難民として受け入れたのみ。いまだ年間30名（2015年から2018年の平均）しか難民として認めない日本の難民認定制度は、国際的にはほとんど意味を持ちません。そのほか年間65名（2015年から2018年の平均）に人道的在留特別許可を出しており、第三国定住事業でも年間約30名（2020年からは60名の予定）を受け入れていますが、豊かな国・日本でたったこれだけの難民しか受け入れていない事実は、年間数千人から数万人を受け入れている欧米先進国の目には異様に映ります。そのため日本は難

日本における難民認定申請者数・認定者数の推移

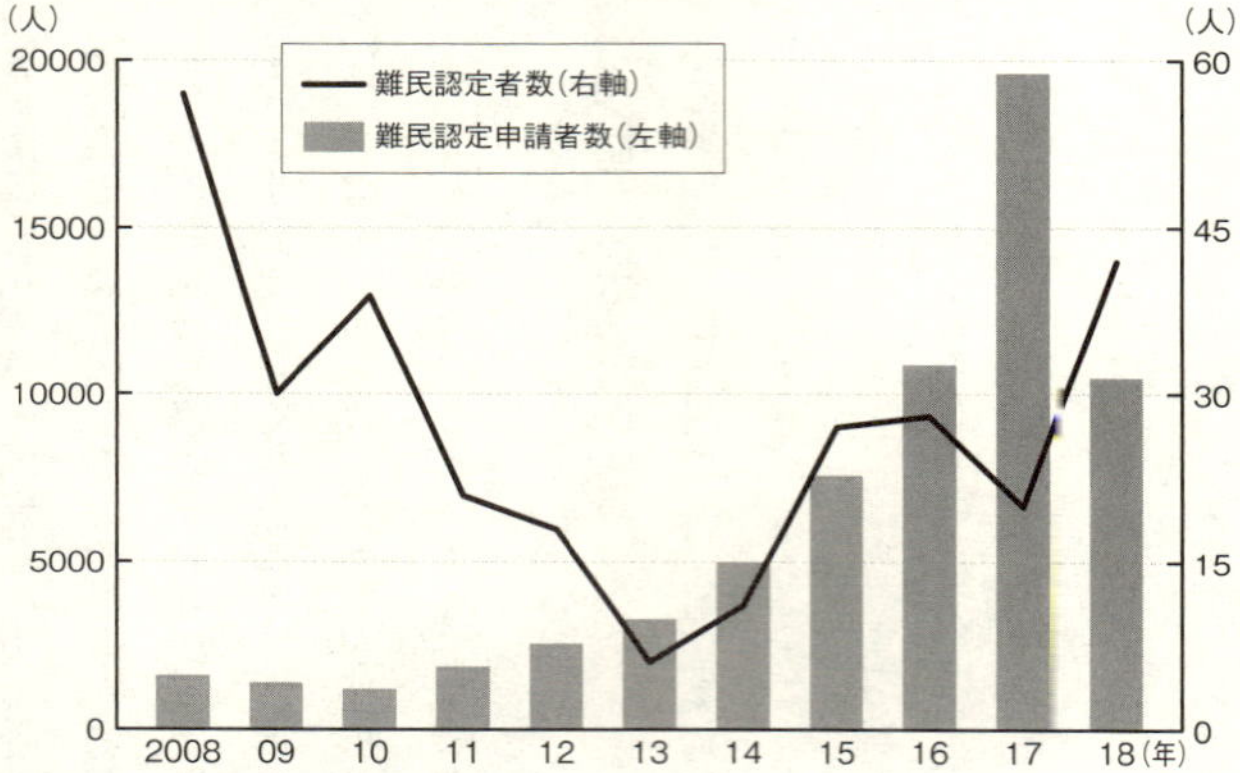

法務省のデータをもとに編集部にて作成

民の庇護という国際的な責務を十分に果たさず「難民鎖国」をしている、という批判が長く続いているのです。

なぜ日本の難民受け入れはこんなに少ないのでしょうか。

第一の理由としては、多くの難民が発生するアフリカや中東の紛争地域から日本が地理的に離れていることが挙げられます。難民は国を選ぶ際、歴史的なつながりやコミュニティの有無などを考慮するため、多くは隣国に逃れます。その点では極東アジアの島国まで足を伸ばす(伸ばせる)難民は少ないのです。

また、日本社会には難民に対して否定的な意識があります。「朝日新聞」が2015年に行った世論調査では、難民のいま以上の受け入れに賛成する人は24％にとどまり、反対する人が65％にも上りました。「難民が来れば治安が悪化する」という根拠のない不安感が国民の間に定着し、ヨーロッパにおける移民・難民をめぐる混乱がその不安感に拍車をかけています。しかし、これは杞憂《きゆう》です。実際の「難民」には、さまざまな人々がいます。「普通の人々」が突然、国を追われるのですから、中には医者や弁護士、学者など、いわゆるインテリ層も少なくない。残念ながら、日本における「難民」のイメージは歪《ゆが》んでいます。

日本の政治家たちがこうした日本社会の空気を読んで、難民問題に沈黙し続けていることも理由でしょう。２０１１年、衆参両院は難民条約加入30周年を記念して「難民保護と難民問題解決に関する決議」を世界で初めて採択しましたが、議員の間で「世界標準に比してあまりにも少ない難民受け入れをもっと増やそう」といった実際の動きはいまだありません。

たとえ、難民が日本に受け入れられても、その後の生活は容易ではありません。日本語は彼らにとって難しく、日本語がある程度できないと良い仕事も見つかりません。実際、日本に来た難民の多くは不安定な低賃金の仕事に就き、経済的にも恵まれていない。永住資格や国籍取得も難しく、そうした現実が難民同士のクチコミで広がり、日本は難民に人気がないのです。

仮に北朝鮮が崩壊した場合、評論家の中には「何十万人もの難民が日本を目指してやって来る」と言う人がいますが、これは政治的意図を持った発言とみていいでしょう。日本海の荒波を渡る船もなく、燃料もなく、何よりも反日教育が行き届いた北朝鮮からの難民は、かつての北朝鮮帰還事業で在日朝鮮人の夫とともに渡った日本人女性の子孫を中心に、せいぜい5000人程度だろうとUNHCRは推定しています。日本は隣国の難民にさえ人気のない国なのです。

最後に、仮に日本で庇護申請をしても、法務省によって難民認定される可能性がごく低いことも挙げられます。2014年から18年の平均難民認定率はわずか0・27%。日本では、難民定義の核となる「自国における迫害の恐れ」の解釈が欧米に比して厳しく、制限的です。欧米諸国で認められる難民が、日本では難民として認められないケースが目立ちます。

これらの理由により、日本に来て認定される難民の数は今後もあまり増えないでしょうが、まったく光がないわけではありません。2008年、タイにいるミャンマー難民を第三国定住という形で受け入れる制度が導入され、2010年より30人の枠で再定住が始まりました。導入から10年以上が経った2019年、再定住の枠を倍の60人、いずれ100人にすると決定されました。もちろん、世界中の難民にとって60人は微々たるもの、大海の一滴ですが、世界の先進国で「難民を排斥する」という流れが強まる中で、数こそ少ないものの日本は難民受け入れを倍増するのだという姿勢は、日本の今後の難民政策の方向性を示すものとしてアピールできる部分です。こういうことを世界に宣伝することで、日本のイメージも変わります。

留学生としての受け入れ——難民高等教育プログラム

ところで、2024年までに外国人労働者を約35万人受け入れるという制度が2019年に開始されました。これは良いことです。少子高齢化の中の人手不足で経済活動が支障をきたすまでになっていますし、より多くの外国人と触れることで日本社会は活性化されるでしょう。外国人労働者を受け入れるということは、難民の受け入れにとっても追い風になります。これまでの日本は、難民に限らず外国人に対しての、仕事はもちろん、医療や教育などの生活インフラが整っていませんでした。「移民を受け入れない」という建前を持つ日本では、留学生や研修生などいずれは本国に戻る外国人を対象にした制度しかなく、長期滞在や永住する外国人に向けた移民政策はありませんでした。

そんな中、今回の外国人労働者受け入れ政策の下で、外国人との共生インフラができるのであれば、難民にとっても日本で暮らしやすくなることを意味します。できることなら、外国人労働者35万人のうち1000人くらいは難民枠とすべきでしょう。難民たちは働くこともできますし、国際社会の問題や現実を伝える先生ともなれる。彼らとともに働き、生活することで、日本人の国際的な目が開くこともあるでしょう。とりわけ、難民たちは若い世代の知見を広げてくれるはずです。

とはいえ、難民が日本社会に入って、いきなり働くということは難しい。文化の壁、言葉の壁に加えて学歴の壁もあるからです。受け入れの数が少ないなら、受け入れの質で勝負。であれば大学教育の機会を与えることが意味を持ちます。

ＵＮＨＣＲと日本の公式支援窓口である国連ＵＮＨＣＲ協会では、２００７年から日本にいる難民に大学教育の機会を与える事業「難民高等教育プログラム」を展開しています。これは、認定難民や人道的特別在留許可者として日本で暮らす者のうち、大学や大学院で勉強したい人を支援する制度で、具体的には入学金・授業料などの免除のほか、生活費として毎月10万円ほどを大学に援助してもらうものです。４年間でおよそ１０００万円を大学に負担してもらわなければいけないのですが、第1号として関西学院大学が名乗りを上げてくれました。続いて青山学院大学、明治大学、聖心女子大学、創価大学、津田塾大学、明治学院大学、早稲田大学大学院など、２０１９年現在11大学15人の狭き門ですが、延べ人数で60人近い難民が学び、卒業後に、日本の企業に就職した人が40人ほどいます。特にユニクロは大人数を採用しています。

この難民高等教育プログラムとは別に、日本政府（国際協力機構〈ＪＩＣＡ〉と文部科学省）も２０１７年からシリア難民を対象に年間30人を、大学院レベルで留学生として受け入れています。このイニシアティブはＵＮＨＣＲからも高く評価されています。

難民留学生には日本で教育を受け、日本の習慣やさまざまな技能を身につけてもらった後、日本の企業に就職をしてもらう、または平和が戻った祖国に帰って平和構築に携わってもらうというシナリオです。彼らにとっても大きなチャンスですし、何より難民と聞くと及び腰になる日本人が、留学生ならとてもフレンドリーになるのです。このあたりネーミングの問題も大きく、難民という呼称を考え直す時期にきているのかもしれません。

この制度を利用して学ぶ難民大学生・院生たちは、皆さんに紹介したい人材ばかりです。

たとえば、アフガニスタンから来た男性は、内戦の中で生まれて、10歳のときに父親が先に来日し、中古車販売を始めました。父親はアフガニスタンを出国できたものの、母親と彼を含む一家４人は戦禍におびえながら生活をしたそうです。３人のおじさんや友達が目の前で射殺されたこともありました。日を追って酷くなるアフガニスタンの状況に母親が意を決し、パキスタンに家族で逃げたのですが、パキスタンは難民女性が働くことができない国。10歳にして彼は、家長として絨毯《じゅうたん》工場で朝から晩まで働きました。弟は５歳、妹は３歳。５歳の弟も一緒に働きました。典型的な児童労働です。大人でも過酷な労働環境で、それでも自分が一家を支えているという誇りが彼を大人にしたのだと思います。

その後、彼はやっと父親と連絡がとれて、19歳で留学生として来日しました。日本語がわからないので公立の図書館に毎日通って、独学で日本語を身につけ、UNHCRの難民高等教育プログラムに合格し、明治大学で学びました。その後、自ら奨学金を探して獲得し、東京大学の大学院に入学します。そして、大学院を卒業した後、大手日本企業に入社しました。彼は並外れた努力家であることはもちろん、人柄も良く、勤勉です。

彼に限らず、難民の大学生たちを見るにつけ、彼らが真摯に学問に取り組む姿勢に感心させられます。苦労をして異国で学んでいる姿には心打たれますし、彼らの能力は非常に高く、日本を愛して活躍を続けてくれれば、いずれはこの国の大切な「高度人材」になるはずですし、日本人にとってもいい刺激となります。

難民支援の大きなポイントは経済支援

難民に門戸を開くこととともう一つ、日本の難民政策の最大の貢献は、資金的支援です。外務省が担当する日本からの支援は年々減っていますが、それでも毎年、UNHCRに対する支援として120億～130億円を拠出しています。これは100万人単位の難民の命を救う金額。その他に世界食糧計画（WFP）への拠出や、難民受け入れ国への財政支援もあります。その点では日本政府はとても良い仕事をしています。

また特筆すべきは、民間レベルでの難民支援が活発になっていること。2018年に、国連UNHCR協会にはおよそ12万人が36億円もの寄付をしています。難民へのこの規模の民間支援は〝日本人も捨てたものじゃない〟と思わせてくれます。この事実はもっと世界にPRすべきです。「日本はまだ難民受け入れで遅れているが、官民あわせた資金協力としては群を抜いている」と国際会議などでアピールすれば「難民鎖国」の汚名も返上できるかもしれません。

話を難民支援のための資金に戻しましょう。難民支援のための資金については、ともにオックスフォード大学教授で、難民研究で有名なアレクサンダー・ベッツとアフリカの開発経済学者のポール・コリアが、2017年に共著で出した〝Refuge : Rethinking refugee policy in a changing world〟の中で有意義な提案をしています。

彼らのアイディアを一言で言うと、難民には周辺国にとどまり教育や労働を通して自立してもらうこと、そして、先進国が周辺国にODAや民間資金を大量投入する、というものです。たとえば難民がヨーロッパ諸国に逃げて来た場合、支援のために1人あたり年間で最低100

万円がかかっています。ドイツを例にとれば、日本円にして2兆円くらいが難民支援に使われているのです。莫大《ばくだい》な費用のその半分でもトルコやレバノン、ヨルダンなどシリア周辺の受け入れ国に供与する。こうした国々は先進国と比べて、物価が安いため、難民支援資金の価値がヨーロッパ諸国の何倍にもなるのです。つまり同じ額で何倍もの難民の支援ができる、またはより手厚い支援ができるのです。経済学的には極めて合理的な解決法です。

具体的には、ODAや民間資金を周辺受け入れ国に供与して「難民経済特区」を作り、現地人だけでなく難民たちも働けるようにする。難民が自立するとともに現地の雇用にも役立つという提案です。難民問題の解決策の一つとして、難民の能力と自尊心を活かすことは正道です。何十年も難民キャンプの中で、何もしないで過ごすことは彼らから生きがいを奪うこと。学校教育と労働の機会を与えることは、人間としての誇りを与える行為です。また、難民にとっても、言葉や宗教・文化が同じ隣国に滞在することができれば、平和が戻ったときに帰国しやすい、という利点があります。日本としても「難民経済特区」構想にぜひ参加してほしいと願います。

第4章　私が見た世界の人々

私の国連での仕事はフィールドよりも本部での仕事が多かったのですが、ヨルダンと内戦中のレバノンに駐在したことがあります。また、出張で現場を訪れることも多くありました。この章では、2018年に国連UNHCR協会の一員として視察した「バングラデシュ」のほか、雑誌などに寄稿した「カメルーン」「ベイルート」でのレポートを紹介します。

1　民族紛争のなぜ?を改めて考えた「バングラデシュ・ロヒンギャ難民キャンプ」
（2018年3月）

2017年から2018年にかけてミャンマーから逃げて来た70万人のロヒンギャ難民が生活するのは、バングラデシュの東側、ミャンマー国境からわずか数㎞に位置する人里離れた丘陵地帯にあるクトゥパロンキャンプです。ミャンマーの西部、ラカイン州に住むイスラム系少数民族・ロヒンギャは、数十年にわたって差別と迫害に苦しめられ続けてきました。1978年と91～92年にもそれぞれ20万人以上のロヒンギャがこの地に逃げて来ました。半数の20万人は帰国しています。ちなみに、1982年のミャンマー国籍法によりロヒンギャはミャンマー国籍を失い、無国籍となっています。

世界の各地にある難民キャンプと同じく、このキャンプの住人の多くは女性と子供。文字どおり着の身着のまま逃げて来て、途中で家族を失った人も少なくありません。

木や竹の枠組みに布をかけただけのシェルターが見渡す限りところ狭しと建ち並び、水路にはたくさんのゴミ。そこに水はほんの少ししか流れておらず、異臭がします。このキャンプにたくさんある問題の一つが、下痢などで広がる感染症であることは、一目瞭然です。

私たちは「ぜひ、キャンプに来たばかりの人たちに会わせてほしい」と頼みました。ラカイン州での実態について耳を疑うような報道がある中で、ぜひ実情を聞きたいと思ったからです。違う村の出身の男女各10名ほどの人々が集まってくれました。私が「なぜ、どのように逃げて来たのですか?」と尋ねても、誰も答えてくれません。そのとき思い出したことがあります。1982年に、パレスチナ難民の虐殺事件があったベイルートのシャティーラ・パレスチナ難民キャンプにある女子中学校を訪れたときのことです。「この中にお父さんやお母さんを殺された人はいますか?」と尋ねると20人ぐらいの生徒のうち5~6人が手を挙げました。そのとき、1人の女子生徒が立ち上がって私をまっすぐに見つめながら、「あなたのような外国人がここに来て、いつも同じ質問をして帰ってゆく。でも私たちの生活は何も変わらない」と言い放ち、私は言葉を失う思いでした。知らない外国人が突然やって来て、思い出したくないことを思い出させる。人道支援関係者としては善意と同情心で発した言葉が、数十年にわたるパレスチナ難民の受難を解決できない国際社会に対して強い失望感と不信の念を抱く難民を、さらに傷つけることがあるのです。

それでもポツリポツリと答えが返ってくるようになりました。

「政府軍が村を包囲して家探しをし、息子が目の前で射殺された。同じ村で6〜7人の若者が殺され、24人が行方不明になった」(30代女性)。「隣の家で2歳ほどの子供二人が首を折られて殺された」(30代女性)。「8日間歩いてここにたどり着いた。逃げる途中で弱った父親は殺された。国境の無人地帯では3日3晩飲まず食わずで、やっとのことで国境の川を渡るボートに乗れた」(40代女性)。銃で撃たれた足の傷を見せてくれる女性もいました。

皆、過去2週間ほどの間にキャンプに着いたばかりの人々です。ひとりひとりがつらい経験を話しているうちに、皆が泣き始め、私たちも涙を抑えることができませんでした。

私は2013年から、毎年夏に東洋英和女学院高等部の女子高生や東京大学の男女学生、いくつかの女子大学の学生20人ほどを引率してミャンマーに研修旅行に行っています。政府高官をはじめ、お坊さんも少数民族の人々も、出会う人々は穏やかな人たちばかりで、皆ミャンマーが好きになります。他方で開発の遅れたラカイン州を中心に、ロヒンギャに対する激しい敵意と差別が民衆の間に広がっていることも事実です。それに後押しされた軍による残虐な行為がロヒンギャ難民の流出の背景にあります。民族・宗教対立の根深さは私たちの理解を超えます。

世界各地の難民は、「人としてどうしてこんなことができるのだろう。どうしてこの世にこんなことがあり得るのだろう」と思うような酷い状況から逃げて来ています。彼らの逃避行はまさに「命を守る行動」なのです。UNHCRなどの人道組織の職員は、そのような難民の命を救い、寄り添い、解決策が見つかるまでの間、支援を続けるのです。

ロヒンギャ難民が大挙してバングラデシュに逃げ始めてから2年が経ちました。UNHCRの統計では2019年におけるバングラデシュに逃げたロヒンギャの総数は、以前に逃げた人々を含めて約90万人です。バングラデシュ政府は受け入れたロヒンギャ難民を「一時的に避難を強いられたミャンマー人」とみなし、正式な「難民」とは認めずにミャンマーへの帰還を促しています。「一時的な滞在」が前提なので、キャンプ内でも正式な学校の建設はできず、キャンプの外に出て働くことも認められません。他方でミャンマーにおいては、2018年の6月にUNHCR、国連開発計画（UNDP）、ミャンマー政府の間で三者協定が結ばれ、貧しいラカイン州住民の生活向上策も含め、ロヒンギャ難民が帰還して現地民との共存が可能となるような施策の推進が図られています。しかし、事業資金が集まらないことのほか、「無国籍」とされてしまった大半のロヒンギャ難民はミャンマー政府や政府軍を恐れて帰還に応じません。他方で、地元住民の間で高まる不満を和らげようと、バングラデシュ政府は10万人のロヒンギャ難民をデルタ地帯の無人島に移送する計画を立てていますが、高潮にさらされる場所であり、人権団体などから批判されています。ロヒンギャ難民問題はもう一つの、解決が困難な「長期的難民問題」になる様相を呈してきました。

2　マラリアの洗礼を受けた「中部アフリカ・カメルーン」（1982年11月）

UNHCRと国連アフリカ経済委員会（ECA）の現地監査のために訪ねたカメルーンは、中部アフリカにある人口約800万人（いまは2400万人）、面積にして日本の1・3倍程度の国です。ジュネーブからカメルーンまでは、カメルーン航空のジャンボ機で当時は約6時間のフライト。乗客の8割がフランス人とおぼしき白人でした。これはカメルーンの大半が1959年までイギリスとフランスによる国際連盟の委任統治領であったため、いまなお同国の経済の実権がフランス資本に握られていることと関係がありそうです。

さて、飛行機は地中海を渡り、アフリカ北部のアトラス山脈を越え、東西5000㎞、南北2000㎞の広さのサハラ砂漠上空に入っていきます。サハラ砂漠を過ぎるとサバンナ地帯で木々が点々と生えているのが見えます。さらに南下するとジャングルになっていきます。かくしてカメルーン南部のドゥアラ空港に到着したのが夜の9時過ぎ。飛行機から降りたとたんにムッとする熱気に包まれました。

空港ビルは近代的ですが時計はなぜかどれも同一時刻を指して止まっており、入国手続きはスローモーです。空港ロビーに入るやいなや、「荷物を運ぼう」「乗り換えはこっち」と若者や子供が群がってきます。彼らの中には空港職員を装う者もあり、ついそれに乗せられて国内線搭乗手続きを頼んだところ、半ば強制的にかなり多額のチップを支払う羽目に陥りました。若者や乗客でごった返す喧騒《けんそう》の中で待つこと2時間。出発が遅れてもアナウンス一つない中で搭乗開始の合図を受けた瞬間、私たち乗客は暗い滑走路に走り出し、我先に飛行機に乗り込みました。機体は古く、機内は汚く、ヘンな臭いがします。ドアが閉じにくく、男性客室乗務員が三度四度と体当たりをして閉めている姿を見ると不安が頭をもたげましたが、なんとか機はカメルーンの首都ヤウンデに到着しました。

空港からはUNHCR差し回しの車でホテルに向かいます。案内されたのは天井から電球がぶら下がり、窓ガラスは割れ、エアコンも故障した1階の粗末な部屋でした。まずしなければならないのは日本ではもう使われなくなっていましたが、ノミ・シラミよけに殺虫剤のDDTをふりかけること。マラリア対策の蚊よけには蚊取り線香のほか蚊の嫌がる音を出す装置をセットしました。空腹で寝付けないまま、こんなところで1か月、ひとりっきりで働くのかと考えるとすっかり憂鬱になり、ジュネーブに残してきた妻と生後3か月の長女のことがしきりに思い出されます。

カメルーンで私が最初に訪れた難民キャンプは、カメルーン北部の町ガルアの南西約250㎞、隣国ナイジェリアとの国境近くにありました。1979年から80年にかけて隣国チャドで起こった内戦を逃れて約11万人の難民がカメルーンに流入し、UNHCRは彼らに食品・衣料・医療などの緊急援助をしていたのです。もっとも私が現地を訪れたときはチャドの内戦は下火となって難民の大半が帰国しており、その数は1000人を下回っていました。

国道をはずれてキャンプに向かう一般道に入ると道路は石だらけ、穴だらけに変わり、ジープは上下左右に揺れまくります。雨季の間に路床が流されてしまったためでしたが、この道路を補修すべくＵＮＨＣＲから提供された約１億円の資金はもっと良好なほかの道路の補修のために流用されてしまったとか。早速、監査指摘事項としてメモしました。左手にはライオンの棲むという山々、右手には茶色の荒野を臨みながら進むこと１時間、ようやく難民への援助物質を保管する倉庫に到着しました。

荒野にポツンと建つ倉庫には、とうもろこし、食用油、衣料などが山積みされています。いずれの物資にもそれを寄付した国の名前が大書されており、アメリカ・カナダ・ヨーロッパ諸国が目立ちます。意外にも中国や南米諸国、韓国、北朝鮮までもが医薬品などを送っていましたが、日本と記された物資はありませんでした。日本の難民援助は現金拠出によることが多く、物資拠出の場合も国名を明記しないため、難民が日本から援助を受けていることを知らないこともあります。対外広報の点からみて、明らかに日本は損をしています。

倉庫からさらに山道を１時間ほど進むと、難民の居住地域として指定された一帯に到着します。南部を密林、西部を大河、北部・東部を山で囲まれたこの地域の総面積は千数百㎢もあり、これがチャド難民のためにカメルーン政府から無償で提供された土地です。ずいぶんと気前のいい話ですが、住民のほとんどいないこの地域に難民を定着させ、農業（特に綿花栽培）を起こそうとするカメルーン政府の思惑があるようです。

難民キャンプには、赤茶けた大地の上に周囲と屋根を囲っただけの粗末な小屋が並んでいます。小屋の中は中央にいろり、簡単な煮炊き用具があるだけで、日本の博物館で見る古代のたてあな式住居そのものでした。キャンプの中心には診療所がありますが、これも造りがしっかりしているだけで中身はほかの小屋と大差がありません。週に2回、近くの町から来るという医師は薬剤の不備を嘆いていました。診療所の隣にはドラム缶2本を2mほどの高さに固定し、周りをブリキ板で囲ったシャワーが一つありましたが、これは病人だけが使えるようです。トイレは地中に深い穴を掘り、板を渡して周りをむしろで囲ってあります。このむしろはらせん状においてあり、二、三度グルグル回らないと目的地にたどり着けないように工夫されています。使用中の姿を誰にも見られない長所はありますが、中まで入ってみないと使用中かどうかがわからないという不具合もあります。

キャンプには学校もあり、粗末な小屋ながら机と黒板が備えられ、数冊の教科書もおいてありました。おしなべて難民には女性と子供が多く（男性は徴発されているケースが多いため）、キャンプでの生活が長くなると子女の教育を放置することはできません。ことに戦禍で財産を失った難民にとっては子供たちが最低限の教育を受けることこそが将来に望みをつなぐ糸でもあるのです。UNHCRとしても教育援助には力を入れています。

さて、難民キャンプから帰った翌朝は何となくけだるい感じがしました。前日、炎天下のキャンプで視察を続けたせいだろうとUNHCRの現地事務所で仕事を始めましたが、どうもおかしい。熱を計ると39度近くもあり、これを聞いた所長は「それはマラリアの疑いがある」と診療所に私を連れて行きました。そこは薄汚い建物で、入口近くの地面にはホームレスとおぼしき老人が死んだように横たわっています。それでも診療室で迎えてくれたのはフランス人の女性で何となく安心していると、彼女は医者ではなく助産師だと言うのです。かといって、どうなることでもなく、簡単な問診のあと彼女から、マラリアの宣告を受けました。近くの薬局に飛び込んで抗生物質とマラリア特効薬ニヴァキンを買い込んだ頃には腸の調子がおかしく、漏れそうになるのを我慢してホテルにたどり着きました。体中に痛みとだるさを感じながら、2時間おきにトイレに這《は》いずり込む状況でしたが、そんなタイミングで妻から「ねぇ、元気？」とのんきな電話。この際、真実は有害無益なので「アー元気ダヨー」と答えたものの、これがもし夫婦の最後の会話だったら？と気が差します。アメリカ国際開発庁（USAID）の職員がマラリアで死亡したケースが2件あると聞いていたので、なおさらでした。

翌日、下痢と熱はおさまったもののダルさが残る中、無理をして予約済みのヤウンデ行きの飛行機に乗り込みました。ヤウンデ空港で出迎えてくれたＵＮＨＣＲの職員はゲソッとした私を見て気の毒に思い、自分の家に私を滞在させてくれました。ヤウンデの高級住宅街にあるその借家はカメルーンの植民地時代に建てられたもので、建坪だけで70〜80坪はあるでしょうか。庭にはバナナやアボカドの木が茂っています。治安が良くないらしく、20時を過ぎると20歳くらいの現地の青年が警備していました。

「泥棒が入ってきたらどうするの？」と聞くと、手製の弓矢を取り上げてビュンと射ってみせてくれました。昔、私たちが子供の頃に作って遊んだ弓矢に似ていますが、矢の飛び方は鋭く、これに当たれば泥棒も塀から転げ落ちるだろうと想像できました。ちなみにこの青年は家が貧しく学校に行けなかったため読み書きができないとのことで、夜になると住み込みの使用人がフランス語を教えていました。薄暗い外灯の下に2人並んで座り、夕食の残飯を食べながらのレッスンの声を窓越しに聞いていると、胸にジーンとくるものがありました。

そうこうするうちに仕事も終わりに近づき、残るはカメルーン南西のビクトリア州（現南西州）のビクトリア市（現リンベ市）での監査だけとなりました。当日はＵＮＨＣＲの係官に伴われて、いったん首都ドゥアラに飛んだ後、そこからはタクシーです。ビクトリア市までの約80㎞の道の両側は美しいゴム林ですが、ところどころ大穴が空きトラックが横転したりしている道路を運転手はほぼ時速120㎞で飛ばします。生きた心地がしませんでした。

仕事を片付け、ワニ料理のランチをした後は、ドゥアラまで帰るタクシー探しです。かつて東カメルーンと西カメルーンの二つの国に分かれていた名残でしょう、タクシーが州境を越えるには許可がいるそうで、ビクトリア州の大蔵省や厚生省などを回って書類を提出し、「乗客白人2人、運転手黒人1人」などと記入された黄色の文書を窓にべたりと貼り付けて出発です。私は白人扱いだったのですね。

道中は何もなくドゥアラのホテル近くまでたどり着いたものの、ホテルの入口がわからず右往左往していると、近くにいた交通取り締まりの警官が見えました。これ幸いと運転手が道を聞いたのが大間違い。警官は乗車定員証明書がドゥアラ州（現沿岸州）発行のものではないから検挙すると声を荒らげるのです。最初は戸惑いましたが、これは警官が賄賂を要求しているのだと気づきました。運転手は「こんな悪徳警官に金をやるより国家警察本部に出頭して訴える」と息巻き、私たちはいつまで経ってもタクシーから降りることができません。しかも、警官はフランス語、運転手は英語しかしゃべらないため、私たちがこの争いの通訳をする始末でした。途方に暮れる中、通行人が仲裁に入ってくれて、結局、なにがしかの金を警官に渡すことで話がつき、さらに同額を仲裁に入った通行人にも渡すということで決着しました。「手取り額が半分になる」とベソをかく運転手もタクシー代を増額することで納得し、私たちは納得しがたくはあったのですが、ようやく解放されたのでした。このようなことは一部途上国ではよくあることで、そこで怒ってもしかたがない。必要経費として小銭を用意しておくのがスマートなやりかたです。

このレポートは雑誌「戸籍時報」（83年4月号・12月号、84年2月号）に寄稿したものです。先のエピソードには、フランス語圏の警官による英語圏の運転手への嫌がらせの面もあったのでしょう。もともと一帯はドイツの植民地でしたが、第一次世界大戦の後の1922年、戦勝国のフランスとイギリスが分割して委任統治領とし、それぞれの国の言葉が使われていました。1960年、東部のフランス領が独立、翌年には西部のイギリス領もこれに続き、いまのカメルーンになりました。しかし、政治や経済活動は、多数派のフランス語圏を中心に進められてきたため（37年も大統領を務めるビヤ氏はフランス語圏出身です）、人口2400万人のうち480万人しかいない英語圏の住民は、長い間、不満を抱いていました。

2017年に英語教育の充実などを訴えたデモが治安部隊に弾圧されたことがきっかけで不満が爆発し、分離独立を求める勢力が武装闘争を始め、カメルーンは内戦の危機に陥りました。

政府軍との戦闘が広がる中で43万人が国内避難民となり、3万人以上が隣国ナイジェリアなどに難民として逃げました。かつてチャド難民を受け入れていたカメルーン国民が、今度は難民として逃げているのです。

もともとアフリカ大陸には多くの民族が住んでいましたが、1880年代から第一次世界大戦にかけて、ヨーロッパの帝国主義国によってアフリカの大半は分割・植民地化されました。アフリカ諸国の国境線が山や川などの自然国境でなく、定規で線を引いたような直線部分が多いのは植民地分割協議のせいです。その結果、一つの植民地の中に複数の民族がいたり、一つの民族が複数の植民地に分かれて住むことになりました。1960年代以降、アフリカ諸国は独立を果たしますが、民族問題に加えて独裁や貧困問題を平和的に解決できず、各地で起きる内戦によって、2420万人（UNHCR Global Appeal 2019より）もの国内避難民や難民が発生しています。植民地支配の罪は大きいと言えましょう。

3　封鎖されたレバノンの「シャティーラ・パレスチナ難民キャンプ」に潜入（1987年8月）

私は1987年から89年にかけUNRWAレバノン事務所の財務課長として勤務しました。

以下は1987年の夏に、当時、武装勢力アマルに封鎖されていたシャティーラ・パレスチナ難民キャンプを訪れ、外には知られていなかったキャンプの内部を隠し撮りしたときのものです。ジャーナリストが入れない中で、このレポートは話題を呼び、NHKでビデオの一部が放送されたり、雑誌「世界」（1987年12月号）にもレポートが掲載されました。その一部を再構成しました。

ベイルート郊外のシャティーラ・パレスチナ難民キャンプは、依然シーア派アマルによる封鎖状態におかれており、破壊された住居の再建も許されないまま、住民は劣悪な環境のもとでの生活を続けている。

私は8月6日、視察のためシャティーラキャンプを訪れた。キャンプに入るには、1976年からレバノンに軍を送り、1987年2月からキャンプへの出入りを管理しているシリアの軍指令官の許可を得なければならない。ジャーナリストがキャンプに入るのは許されない。だからキャンプの中の状況は外にはほとんど知られていない。

指令官に会った理由はもう一つある。オーストリアのある慈善団体が、ブルジバラジネとシャティーラキャンプに閉じこめられている小中学校の男女生徒34人をウィーンのサマーキャンプに呼ぶ計画を立て、UNRWAに協力を求めた。そこでUNRWAが渡航許可証などを用意し、子供たちが両キャンプから出られるよう私たちが指令官の許可を求めに行ったのだ。その場では全員に許可が下りたが、その日の内に、6人の子供たちが政治活動に関与した疑いがあるとの理由で不許可となった。10歳前後の子供が仮に政治活動をしたところで知れたものだ。このエピソードは、政治的な動きに対するシリア軍の異常なまでの警戒心と、キャンプの中に張り巡らされたスパイ網の存在を暗示している。

キャンプへは北側の入口から入った。キャンプに近づくにつれ、あちこちが砲弾で壊れた建物が目につく。キャンプの入口の近く、最初にアマルのチェックポイントがある。機関銃を手にした民兵が、私たちがUNRWAの者であることを確認して通行を許す。キャンプの入口はシリア軍がコントロールしている。入口は一部を除き鉄柵で閉鎖され、訪問者はひとりひとりがシリア軍情報関係者のチェックを受けて中に入る。パンや野菜を手に下げた女性や子供たちは特にチェックは受けないようだった。中学生以上の男子は厳しくチェックされる。キャンプ内のUNRWAの学校が破壊されているため、児童生徒はキャンプの外の学校に通うのだが、男子生徒は教科書までチェックされるという。

アマルとPLO（パレスチナ解放機構）は停戦しているが、撃ち合いはちょっとしたきっかけで始まるので、私と同行の3人のスタッフは防弾チョッキを着てキャンプ内に入った。後ろにはアマルとシリア軍、前方にはPLOに加わるゲリラの陣地が見え、いやでも緊張せざるを得ない。

キャンプ内の破壊ぶりは凄《すさ》まじかった。南北に走る300mほどの通りの両側はガレキの山だ。3階から4階はあったろう厚いコンクリートの建物もすべて潰れている。わずかに残った建物も銃弾、砲弾そして火災のあとで覆われている。写真で見る原爆投下後の広島を思い出した。道路上のガレキだけが片付けられて、食糧搬入のトラックが通れるようになっている。

私はアマルやシリア兵に見られないようにしながら、ビデオカメラを取り出して撮影を始めた。どちらにカメラを向けてもシリア軍かアマルかキャンプ内のゲリラの陣地が視野に入ってしまうし、相手もこちらを見ているので気をつかう。

50mほど進むと人影が見えた。住民は壊れた建物の残った部分か地下の避難所で生活をしている。住民の顔はこわばっていた。私たちが何者かわかるまでは疑いの目を隠さない。

数人の男たちが壊れた建物の陰でアラビアコーヒーを飲んでいた。UNRWA関係者とわかるとビデオを撮ってもいいと身振りで示す。私を日本人と見て「コウゾウ・オカモト」と叫ぶ者もいる。（編集部註：岡本公三は、当時レバノンに潜伏していた元日本赤軍のメンバー）

物心のつかない子供もすでに心に深い傷を受けている。階段に座っている3歳ぐらいの男の子を撮っていると、母親が弟を連れてやって来て、「この子も撮って」と言う。しかし、その男の子は、私がビデオカメラを向けると、耳を押さえて泣きながら逃げようとする。彼は私が銃を向けたと思ったのだ。

白いワンピースを着た7、8歳の女の子が物陰から出てきた。左足がなく、松葉杖にすがっている。私たちを見ても表情も変えず、もとの場所に戻っていった。

ここの子供たちには笑顔がない。シリアやヨルダン、イスラエル占領下の西岸地区やガザ地区のどのパレスチナ難民キャンプを訪ねても、印象的なのは子供たちの明るさだ。カメラを向けるとわっと集まってきてポーズをとる。ここのキャンプの子供たちにはその笑顔がない。

しばらく進むと子供たちが砲弾の破片や不発弾のガラクタをいじっていた。興味を示す私たちに、近くにいた男が建物の中から迫撃砲弾、ロケット弾、手投弾、爆弾の羽などを次々に持って来て見せる。1985年から1986年にかけ、ベイルート郊外のシャティーラキャンプに立てこもるPLOの武装コマンドを駆逐しようと、親シリアのレバノン人武装民兵組織アマルがキャンプを3回にわたって封鎖して攻撃し、少なくとも500人といわれる死者を出した「キャンプ戦争」。この「キャンプ戦争」の際にはこれらが雨あられとキャンプに降り注いだわけだ。

しかしこの程度の武器では厚いコンクリートの建物は壊れない。アマルは直径15・5㎝、長さ50㎝もある爆弾並みの砲弾をキャンプに撃ち込んだのだ。

キャンプの入口から南に100mほど行くと、戦闘服を着たPLOのコマンドがいて、壊れた建物の上に土嚢《どのう》を積んでアマルとシリア軍を見張っている。このあたりの破壊は徹底していてガレキだけが広がり、人の影はない。キャンプの付近には10階近いアパートが多く、その中でキャンプだけが建物が潰れているので、上から見るとそこだけポッカリ穴が空いたように見えるという。

本来のキャンプの敷地は東西200m、南北300mぐらいしかない。それがレバノン政府によって与えられた敷地で、政府はその拡張を認めない。実際には、難民人口の増加のため、溢《あふ》れたパレスチナ難民と貧しいシーア派レバノン人が周りに住み着き、キャンプはその2、3倍ある。その全域が戦闘で破壊されている。

さらに歩くと、大きな枯木が2本、両方とも焼けただれている。気をつけて見ると、ここには生きた木はおろか緑がまったくない。殺風景な灰色のガレキだけが広がる。

同行のローカルスタッフのハッサンが「南側のほうにはカメラを向けるな」と注意する。

「アマルに見られている」。なるほど前方の3階建ての建物の上にレバノン国旗が掲げられ、アマル民兵がこちらを見下ろしている。ハッサンはそのアマルと顔見知りなので挨拶を交わす。私はカメラを止めず反対側に向けたまま通り過ぎた。

キャンプの南側から中心部分を眺めると、UNRWAの診療所の建物が崩れ落ちている。悪臭を放つ汚水が地面を流れている。その源はゴミ集積所だ。キャンプには下水がない上、UNRWAの清掃車も入れない。ゴミが縦横10m、高さ2mにも積まれて腐敗している。

7月31日に、キャンプの住民代表は、環境が急速に悪化しているとしてアマルに封鎖の解除を求めた。チフスの予防注射は行われたが、この夏に中東を襲った記録的な暑さと不十分な治療設備のため、老人、幼児に病気で倒れる者が増えている。過去9か月間キャンプには電気が送られず、飲料水も不足している。しかし住民の声は聞き入れられなかった。8月11日、封鎖に抗議して住民は座り込みに入った。

キャンプの中心付近にUNRWAの学校があった。4階建ての校舎が2階建てになってしまっている。上の2階分は砲撃で飛んでしまった。いまこの学校は住居を失った難民に占拠されている。かつて800人の子供たちが遊んでいた狭い校庭には洗濯物が干されている。裏に回ると、学校の入口で老女が小さなブリキのストーブでアラビアパンを焼いていた。無表情な彼女の隣で3人の小さな女の子がパンの焼けるのを楽しそうに待っている。肘でつつき合いながらとてもうれしそうだ。キャンプの中で笑顔を見たのはこのときだけだった。

校舎が壊されたためキャンプの中では授業はできず、小中学校の児童生徒はキャンプの外のUNRWAの学校に通う。高校生以上の男子はキャンプから出られないので、この2年間彼らは勉強ができてない。

UNRWAがキャンプ内で教育ができないもう一つの理由は、教員がキャンプに入れないからだ。食糧と医薬品の運び込み以外はUNRWA職員でもキャンプに入れない。キャンプに住む十数人のUNRWA事務所のスタッフもわずか数㎞の事務所に出勤できず、自宅待機。キャンプの人口は約2000人と言われるが、青年と成人男性は2年近く外に出られない状態が続いている。

キャンプの中にはもちろん仕事はない。商店は壊され、売るものもない。レバノンの経済が崩壊し、年率300%に上るインフレの中で、レバノンのすべての住民が生活苦にあえいでいるが、収入源すらないキャンプの住人の生活はもっと悪く、UNRWAの食糧援助が命綱だ。

UNRWAの学校の先の狭い通りのあたりは、原形を保つ建物が多い。しかし壁はいたるところに迫撃砲弾のあとがついている。迫撃砲弾は上に打ち上げられてからいたるところに落下して爆発し、人を殺傷する。だから戦闘のときは相手が見えなくとも外には出られず、地下に潜んでいるより仕方がない。

突然赤や緑の飾りが見えてきた。こんな所に花屋が、と思ったがそれは違った。モスクに死んだコマンドの霊を祀《まつ》ってあるのだった。尖塔が半ばから吹き飛び、壁にも大穴が空いているモスクの中を紙テープや造花で飾り、その間に死んだ若者のポスター刷りの写真が貼られている。いずれも10代から30代の青年に見える。笑った顔をしている写真は一つもなく、ほとんどが硬く、暗い表情をしている。同じ姿勢をしているところからして、恐らくは戦闘で死んだ場合に備えて生前に写真を撮っておいたのだろう。このキャンプで生きるということは、死を覚悟しながら生きるということだ。

さらに行くと若い男たちが集まっている所があった。意外なことに一種のビリヤード場だ。15人ぐらいの若者たちが二つの台でゲームをしている。包囲されたキャンプで、ここがおそらく唯一の娯楽場なのだろう。ここにはわずかながら平和な日常性があった。しかし、また戦闘が始まればこの男たちは銃を手にするのだろう。

近くにパレスチナ赤新月社の病院があった。看板は銃弾で字が読めないほど穴が空いている。

この病院はUNRWAの診療所が壊されたいま、キャンプでは唯一の病院だ。一番手前の部屋が治療室だが、普通病院で見かける器具などはない。隣室に14歳の女の子が入院していた。下半身の火傷《やけど》で4か月前からここにいるという。何も言わず大きな目だけを動かす。

　薬局の前の廊下の天井は砲弾で半分陥没している。その下で、子供を連れた母親や若い男が薬をもらっている。診療を担当しているのはギリシャ人の医師だった。ヒゲもじゃの人なつこそうな顔でしゃべりまくる。

「2年前からここで働いているけど、一日も休みなし、朝から夕方まで働くよ。唯一の楽しみと言えば、たまに通じる国際電話でギリシャにいる家族と話すことぐらいかな。そろそろ帰りたいけれど、キャンプを出れば捕まってしまうから出られないんだ。UNRWAのほうでなんとかしてもらえないかな」

　この医師の話では、この病院での薬品はなんとか間に合っているが、キャンプの住民は飲料水不足と電気がないため苦労している。全員が半分地下生活をしているが、暑さのため食糧はすぐ腐ってしまい、扇風機も使えない。壊れた建物やゴミ集積所でネズミが大量発生しており、伝染病の危険が出ている。

「外国の援助団体、福祉団体にキャンプの実態を知らせて、早く封鎖が解かれるように圧力をかけてほしいな」
待合室には10人程の患者が待っていた。大抵が男で、私たちの訪問のせいだろうか険しい顔つきをしている。医師を助けているのは3人の若い女性の看護師。窓はコンクリートで固められているため、室内は恐ろしく暑い。20分ほどいる間に厚さ2㎝もある私たちの防弾チョッキが汗でびっしょりになってしまった。

続いて地下の手術室へ。厚い強化コンクリートの地下室は6畳ぐらいの準備室と同じ広さの手術室からなっていた。ほかの部屋と違ってここは整理整頓が行き届き、清潔に保たれている。薬品やガーゼなどは一つ一つビニールに包まれて薬品名が書かれている。電源は自家発電装置だ。手術室は手術台とランプと器具台が主なもの。切断縫合などの応急手術ぐらいしかできないのは明らか。砲撃のときにはここは怪我をして運び込まれるコマンドや住民の呻《うめ》き声で満ちていたわけだ。

この病院にはもう1人、オーストラリアの外国人医師がボランティアで働いていた。ロンドンの援助団体から派遣され、3か月ここにいると言う。

病院を出て近くの民家に立ち寄った。祖母から孫まで12名が破壊をまぬがれた自宅の1階部分で暮らす。15歳の三男は両足が付け根からなく、左手小指もない。小さい弟と妹と一緒に共同水道まで水を汲《く》みに行ったときに、砲弾が近くに落ちた。妹はその場で即死した。母親は険しい顔付きで私たちに背を向けたまま、挨拶を返そうともしない。車椅子にくくりつけられたわが子を見に来る訪問客にうんざりしているだけではなかろう。キャンプの外の人間への反感と敵意が彼女に背を向けさせるのだ。

UNRWAとてこの不信感をまぬがれない。UNRWAの任務はパレスチナ難民を助けることだ。内戦の続くレバノンで、UNRWAは文民国際機関としては異例の犠牲を払ってパレスチナ難民への援助を続けてきた。1982年以降だけでも、2300人のローカルスタッフのうち死者30人、行方不明18人、各種武装勢力による誘拐500人以上を出している。2月には近くのブルジバラジネキャンプに食糧を運び込もうとしたUNRWAのトラックが銃撃を受けて炎上した。

パレスチナ難民にとってはUNRWAはなくてはならないものだ。あらゆる勢力から敵意を向けられ、包囲のもとにあるレバノンのパレスチナ難民にとってはUNRWAは命綱ですらある。UNRWAの運び込む食糧がなければ「キャンプ戦争」でも間違いなく餓死者が出たろう。

しかし、難民は、自分たちの悲惨な運命の原因が1947年の国連によるパレスチナ分割決議と、1948年の国連のイスラエル建国承認にあることを忘れていない。自分たちが郷土を失ったのは国連のせいなのだ。なぜ自分たちが代々住んできたパレスチナの土地がユダヤ人に与えられ、自分たちはそこから追い出されて難民生活を送らなければならないのか。UNRWAによるわずかばかりの食糧や学校教育など要らない。我々の土地を返せ。これが彼らの思いなのだ。UNRWAは常にこの無言の抗議を受けてきた。

UNRWAが直面するのは難民からの反感だけではない。パレスチナ難民が多数住むヨルダン川西岸地区とガザ地区を占領しているイスラエルの政府の目には、UNRWAはパレスチナ人の側に立つ機関として警戒すべき存在に映る。UNRWAはこの両者の間に立って人道的援助に徹してきた。そうでなければ、政治的軍事的緊張の続く中東で40年近い支援活動は不可能だったろう。

ただ、封鎖されたキャンプへの食糧や医薬品の運び込みといったことはUNRWAの活動からみると一部に過ぎない。たとえば教育活動をとってみよう。サウジアラビアやクウェートなどの湾岸産油国では、エンジニア、教員、医師、ビジネスマン、役人として活躍するパレスチナ人がいたるところにいる。高級官僚も外交官もいる。パレスチナ人のお陰でこの地域の社会的、経済的開発は飛躍的に進んだ。湾岸産油国の70年代のオイルブームをきっかけとした爆発的経済発展は、パレスチナ人なしには考えられない。

それらのパレスチナ人の多くがＵＮＲＷＡの学校や職業訓練校の卒業生だ。ＵＮＲＷＡの八つの職業訓練校の卒業生だけで３万５０００人に上る。彼らは優秀な中堅技能者として地域の経済発展に貢献してきた。経済的に成功し、自分の育ったキャンプに学校の建物を寄付するパレスチナ人も出ている。

ＵＮＲＷＡの教育活動は、ミクロレベルで個々の難民の経済的自立を助けるだけでなく、マクロレベルで優秀な人材作りを通して中東の発展を助けてきた。ＵＮＲＷＡの社会経済開発機関としての役割はもっと知られるべきだろう。

ＵＮＲＷＡ事務所とキャンプの間にはパレスチナ人が多く住む地域がある。この一帯がアマルの勢力圏に入ってから、パレスチナ人への嫌がらせが始まった。武装した男たちがアパートを襲い、金品を強奪するのだ。私の部下のひとりもある夜、武装集団に襲われた。彼らは夜中の10時頃来て、銃を突き付けながら3時間にわたって嫌がらせをし、めぼしい家具をすべて持って行った。部下は家族の前で為すすべもなかった。男性の威厳を重んじるパレスチナ人の彼にとっては耐え難いことであったろう。８月13日にもこの一帯は武装民兵に襲われ、何軒ものパレスチナ人の家が荒らされた。

レバノンに住む35万人のパレスチナ難民にとって安全な場所はない。彼らは実質的には全員が収容所に入れられているとも言える。キャンプの外も安全ではない。パレスチナ人の誘拐や殺人は日常的で、よほど大勢が死なないとニュースにもならない。

シャティーラキャンプの住人は、1982年の虐殺事件に始まり、度重なる包囲と戦闘で悲惨な目に遭って来た。85年以来断続的に続く「キャンプ戦争」でも少なくとも500人は死んでいるという。

激しい砲撃と兵糧攻めで死者が続出しても降伏を拒む、その堅い意思を支えるものが何なのかは私たちには理解しにくい。ただ、彼らには降伏は死につながるという体験が何度もある。1976年のレバノン内戦のときには、東ベイルートにあったタールザータルキャンプが2か月にわたる包囲戦のあと陥落して、2500人が死亡した。うち1000人は女性、幼児、老人だったが、多くが降伏の後で殺された。

1982年には、イスラエルのベイルート包囲戦でPLOが撤退したあと、サブラとシャティーラキャンプで虐殺事件があり、無抵抗の1000人前後の住民が殺された。今度の「キャンプ戦争」でも、キャンプ住民が白旗を掲げたなら、再び虐殺事件が起こった可能性がある。UNRWAの幹部はそれを現実の可能性と考えている。国連事務総長の退避勧告にもかかわらず、UNRWAが戦争や誘拐の危険をおかしてまでも、私を含む16人のUNRWA国際職員をレバノンから撤退させないのは、その存在とその目が大量殺戮《さつりく》を防ぐのに役立つと考えるからだ。

そんな状態なら、パレスチナ人はレバノンを出て行けばいい、と人は言うかもしれない。では彼らはどこに行けば良いのか。どの国が35万人のレバノンのパレスチナ人を受け入れようか。400万人の離散パレスチナ人にも、イスラエルと同じく祖国が必要だ、ということはいまや国際社会の共通認識になっている。ではどこにそれを作るか、となると意見はまとまらず、近い将来パレスチナ国家ないし自治区ができる見込みはない。

行き場がなければキャンプにとどまるより仕方がない。そのキャンプが攻撃されれば命を守るために戦うしかない。降伏しても殺されるのなら大人も子供も最後まで戦って死のう、ということになるのだろうか。死ぬまで戦おうとする人々を武力で抹殺することはできない。たとえ物理的にそれが可能でも、パレスチナ人の民族意識をいっそう燃え立たせるだけだろう。

パレスチナ人が隣人と平和に、そして安全に暮らせるには、自分たちの国が必要だ。40年前に国連が約束したパレスチナ人の国ができない限り、パレスチナ人は権利の回復を求めて戦い続け、そして戦争の悲愴は続くだろう。シャティーラキャンプの廃墟に立って私はそう思った。

このレポートに書かれているシャティーラ・パレスチナ難民キャンプの破壊と人々の様子は、2011年以来シリアで続いている内戦の中で起こったこととうり二つです。破壊されたシリア北部のアレッポの町の写真を見るにつけ、シャティーラキャンプを思い出すのです。当時はシリアが今日のような状態になるとは予想もできませんでした。

シリア内戦の原因は複雑ですが、「アラブの春」を受けたアサド独裁に対する民主化要求、政権を支えるシーア派とスンニ派を主体とする反政府勢力の対立、混乱の中で勢力を伸ばした「イスラム国(IS)」、相容れぬ目的を持つ湾岸諸国、トルコ、イスラエル、イラン、ロシアや欧米諸国の介入などが内戦を泥沼化させました。しかし内戦の兆候は、一見すると平和ながら緊張感に満ちていた1987年当時のシリアにすでにあったのです。シリア内戦はロシアやイランの後押しで地位を回復したアサド政権の主導で終息しつつありますが、史上最大の人道危機の中で生じた難民や国内避難民がいつ帰還できるのか、そもそも帰還する意思があるのか……。シリア問題の原因の根深さを考えると、先の見通しは立ちません。

同じような紛争が繰り返され、そのたびに多くの難民や国内避難民の苦しみが繰り返されるのを見ると、やるせなさを感じます。そうであっても、またはそうであるからこそ、そのような人々を助けるUNRWAやUNHCRの「命を救う」活動が貴重なものだと感じます。

私は2013年の夏に国連UNHCR協会の視察団の一員としてヨルダンとレバノンを訪れました。ヨルダンにはジャーナリストの池上彰《あきら》さんにも同行していただきました。レバノンには、シリア難民が100万人も流入し、人口約600万人で宗派間の微妙なバランスの上に立っている同国にとっては大変な経済的、社会的、政治的負担となっていることが感じられました。

レバノンは、シリア難民の流入に際して難民キャンプの設営を認めていませんが、その大きな理由が、12のパレスチナ難民キャンプに住む約45万人のパレスチナ難民です。1970年にヨルダン内戦に敗北してレバノンに逃れてきたPLOは、難民キャンプに勢力を張り、イスラエルの攻撃を招くなど、レバノンにとっては深刻な安全保障問題を引き起こしました。同国のキリスト教徒とイスラム教徒の対立に加えた不安定化要因となったのです。前出の「キャンプ戦争」はその文脈の中で起きました。難民キャンプを作ればそこに難民が定住し、治外法権化もしかねないという恐れが、レバノン政府がシリア難民キャンプを認めない理由です。ですから、パレスチナ難民に限らず、シリア難民にも定住の呼び水になりかねない労働許可を出さないなど、レバノンの難民は苦しい境遇におかれています。

とはいえ、シリアとレバノンはオスマン帝国時代には同じ国だったこともあり、歴史的、言語的、文化的、経済的にも近いものがあります。ですから、２００６年にイスラエル・ヒズボラ戦争が勃発したときには80万人のレバノン人がシリアに難民として逃げています。３か月ほどで全員がレバノンに戻りましたが。日本人には理解できませんが、「難民を出すのはお互いさま、助け合うのもお互いさま」という感覚があるのでしょう。１００万人ものシリア難民がレバノンに逃げ、レバノンがそれを受け入れたことの背景にはそのような事情もありそうです。日本人にとっても考えさせられることですね。

第5章　国連という視点からみた日本と日本人

なぜ国際機関には日本人が少ないのか?

以前から日本は拠出額負担に比して国連職員が少ないと言われ続けてきました。

2019年時点での国連関係機関の日本人職員数(専門職以上)は882名。国連事務局に限ってみると、最もスタッフを多く抱えるのは2018年でアメリカ人が360人で、日本人スタッフ75人の約5倍です。続いてドイツ、フランス、イタリア、イギリス、カナダ、中国、スペインと連なり、日本は9位です。職員数順位をみても、国連組織が欧米型であることがわかりますが、国連拠出額3位の日本が、事務局職員数では9位ということに驚かれる読者もいるかもしれません。

ちなみに、国連事務局職員数ベスト10の中で「拠出額に見合った望ましい職員数」をクリアしていないのは、アメリカ、中国、日本の3か国です。アメリカが望ましい職員数をクリアしていないというのは意外かもしれませんが、その理由は、第一に、アメリカは国連予算の22%を分担しているため、望ましい数が383人から519人であるにもかかわらず、実際には360人しかいないためです。第二に、高学歴のアメリカ人にとって、国連というのは多くの可能性の一つに過ぎないからです。たとえば、国連本部のあるニューヨークにはゴールドマンサ

国連通常予算分担率・分担金ランキング(2017－2019年)

	2017年			2018年			2019年		
		分担率(%)	分担金額(百万ドル)		分担率(%)	分担金額(百万ドル)		分担率(%)	分担金額(百万ドル)
1	アメリカ	22.000	610.8	アメリカ	22.000	591.4	アメリカ	22.000	674.2
2	日本	9.680	244.2	日本	9.680	235.3	中国	12.005	334.7
3	中国	7.921	199.8	中国	7.921	192.5	日本	8.564	238.8
4	ドイツ	6.389	161.1	ドイツ	6.389	155.3	ドイツ	6.090	169.8
5	フランス	4.859	122.6	フランス	4.859	118.1	イギリス	4.567	127.3
6	イギリス	4.463	112.6	イギリス	4.463	108.5	フランス	4.427	123.4
7	ブラジル	3.823	96.4	ブラジル	3.823	92.9	イタリア	3.307	92.2
8	イタリア	3.748	94.5	イタリア	3.748	91.1	ブラジル	2.948	82.2
9	ロシア	3.088	77.9	ロシア	3.088	75.1	カナダ	2.734	76.2
10	カナダ	2.921	73.7	カナダ	2.921	71.0	ロシア	2.405	67.1

国連文書 ST/ADM/SER.B/992、ST/ADM/SER.B/973、ST/ADM/SER.B/955 より

ックスをはじめ、高給で有名な投資会社や金融機関が軒を並べ、MBAなどを持った野心的な若者はそちらに職を求め、国連(や世界銀行)には関心がないのです。日本では、そのミッションの気高さ、支援の現場で働く充実感などとともに、恵まれた待遇や安定した年金制度などがある国連機関はイメージが良く、そこで働きたいと考える極めて優秀な若者がたくさんいます。しかし、グローバルな待遇レベルでみた場合、国連はトップクラスの就職先とは言えないのです。

常に国連関係機関の日本人職員の少なさ、とりわけ幹部クラスの職員の少なさが注目される日本ですが、それでも私が退職した2008年の698人から、2019年には882人と

184名の増員となっています。注目すべきは女性の進出。2000年の199人から2018年の519人と女性職員は実に320人も増えています（男性職員は69人増）。女性職員の比率は2018年で61％です。待遇に男女差がない国際組織は、日本の社会を窮屈に感じる能力の高い女性にとってやりがいのある職場なのでしょう。

ところで、なぜ国際機関には日本人職員が少ないのでしょうか？

これまでその理由として第一に挙げられてきたのは、「言葉の壁」です。国連職員の多くはエントリーレベルでも英語のTOEFL100点以上の語学力を備えています。英語が身近な欧米諸国に比べて日本人が英語に弱いのは当然です。しかし、最近は以前より英語力の高い若手職員が増えており、語学の壁は低くなっているようにも感じます。ならば、日本人に足りないものは何か。

それは、言葉の違い以上のもの、「異文化コミュニケーションの壁」です。私たちは、相手を思いやるとか「和を重んじ異を排す」という社会規範と、皆と同じように考え行動するのが望ましい、という同調圧力の中で生きてきました。同じような文化から来た人たちとの間では、言葉さえわかれば、コミュニケーションはうまくいきます。しかし文化の異なる国々から来た人々が集まる国際機関では、日本的なコミュニケーションのあり方は共有されません。うまくコミュニケーションができないために「世界を舞台に働きたい」という気持ちがあっても、実際にはそれができず、国際機関勤務を諦めてしまうのです。

日本企業がグローバル化を進める（進めざるを得ない）中で、日本人の意識も変化し、異文化コミュニケーション能力が高い若者が増えていると感じますが、まだまだ少数派です。これについてはのちに詳しく触れましょう。

第二に、日本の「雇用制度の壁」です。基本的には契約職員である国際機関の職員は、キャリアを通して不安が付きまといます。ちなみに、国際機関には正規の職員でなくコンサルタントとしてプロジェクトベースの契約で働くコンサルタントが大勢います。いままでは終身雇用という制度を持つところはほとんどなく、専門性を高めつついろいろな組織を渡り歩くのが国際機関職員のイメージです。最近は、日本でも大企業の終身雇用と年功序列制が崩壊の兆しをみせ、中高年であっても転職が珍しくなくなりました。今後は日本でも雇用の流動化が加速するでしょう。ただ、まだまだ公務員などは比較的安定的で終身雇用の色彩の強い職業であり、安定志向の学生の人気を集めていると聞きます。同等の能力とスキルを必要とする国際機関と日本の省庁を比べた場合、日本の省庁を選ぶ人がいまだ多数なのは、こうした理由もあるのでしょう。

第三には、国際機関が専門職・スペシャリストを求めるのに対して、日本の組織ではいまだジェネラリストが幅を利かせているという、「専門性の壁」があります。いままでの日本型の雇用制度のもとでは、新卒を一括採用し、組織に必要な広範囲の知識やスキルを持つジェネラリストを育てるのが一般的でした。それに対し、政府は高度の専門性のあるスペシャリストを育成して生産性や国際競争力を高めようとしています。たとえば「高度プロフェッショナル制度」といったものを導入して、働いた時間でなく仕事の成果に応じて給料を払う仕組みです。それに呼応して、新卒学生の方でも、大企業に就職するよりも専門性を身につけられるコンサルティング会社を志望する者が増えているそうです。

さらには、東京大学などを出て外務省に入っても、30歳ぐらいまでに辞めてしまう若手がかなりいるそうです。せっかく外交官になったのに、とも思いますが、忙しいだけで専門性は身につかないということが理由であるなら、彼ら・彼女らは時代の流れを敏感に感じ取っているのでしょう。会社の名前で就職先を選ぶ「就社」から、専門性を売りに「就職」する流れが強まれば、「専門性の壁」は次第に〝薄く〟なり、より多くの日本人が国際機関で働くことになるかもしれません。

さて、政府は2025年までに、国連関係機関の日本人職員を1000人に増やすという目標を立てています。背景には「お金だけ出している日本」という汚名を払拭したい、国際社会における日本の影響力を強めたい、日本のプレゼンスを世界にアピールしたいなどの思惑があるようです。ただ、数を増やすことが自己目的になってはならず、日本人職員の影響力を高めることが大切であることを忘れてはなりません。とはいえ、まずは先に述べた三つの「壁」を乗り越える人材を育成しなくてはならず、そのための政策的措置が求められます。効果が出るまでには時間がかかりますが、日本には志が高く、優秀な人がたくさんいること、日本の雇用環境の激変の中で、日本を飛び出し世界で戦うことをためらわない若者が増えていることを考えるなら、2025年までに1000人の目標は十分可能でしょう。

高文脈から低文脈へ「コミュニケーション文化の壁」を越える

先に、日本人の国際機関職員が少ない理由の第一に「言葉の壁」を挙げました。実は、この「壁」はより大きな「コミュニケーション文化の壁」の一部です。日本語がペラペラのアメリカ人と話すとき、彼ら・彼女らはよくしゃべります。物事の説明も詳しい。他方で、英語が上手な日本人でもどちらかというと言葉数は少ない。国際機関の日本人職員も同じです。そこには交換されるメッセージの内容とそれを囲むコンテクスト（文脈）をめぐるコミュニケーション文化の違いがあります。

この違いを説明するのに役立つ概念に、アメリカの文化人類学者エドワード・ホールが1976年の著書“Beyond Culture”で唱えた「ハイコンテクスト文化とローコンテクスト文化」というのがあります。「コンテクスト（文脈）」とは、コミュニケーションの基盤である「言語・共通の知識・体験・価値観・ロジック・嗜好性《しこう》」などの同質度と共有度合いを言います。それが高いときにハイコンテクスト（高文脈）と言い、低いときにローコンテクスト（低文脈）と言います。

高文脈文化が支配的な国は、日本を筆頭にアジアや中東諸国で、低文脈文化はアメリカや西ヨーロッパ諸国、特にイギリスやドイツなどだと言われます。多くの国際機関はアメリカやイギリスの主導のもとでできあがっているため、そのコミュニケーション文化は「低文脈」です。

高文脈文化の国日本では、日本語だけが使われ、価値観などの共有度が高いため、言葉で明確に伝える努力やスキルがなくても、同郷だとか同窓だとか、「同じ釜の飯を食った」仲間同士ではなんとなく気持ちが通じ合う感じになります。共通の基盤がある中で、相手の意図を相互に察し合うことで、なんとなく話が通じてしまいます。「言わなくてもわかるよね？」の世界では、自分の意見や感情を言語化する必要がない。逆に、日本語を話さず体験の共有もない外国人と対すると、コミュニケーションをとることがとても難しくなる。外国人が日本に来て、自分が疎外されている、と感じる原因の一つが、「コミュニケーション文化の壁」にあるのでしょう。

日本社会でのコミュニケーションでよく見られるのは、次のようなものです。

・ボディランゲージが少ない（目を合わさない。目は口ほどにものを言う）
・聞き手に推察能力が求められる（一を聞いて十を知る）
・曖昧な表現が許される（それは考えておきましょう）
・寡黙でも構わないし、寡黙自体がメッセージ（沈黙は金）
・論理的一貫性が重視されない（夫婦げんかを聞いているとすぐわかる）
・質疑応答が重要視されない（講演の後に質疑の時間がないか、あっても質問が出ない）

思い当たるふしが多いのではないでしょうか。

他方で、低文脈文化でのコミュニケーションはあくまで言語が中心です。そのため、言語能力が高い者が評価され、コミュニケーションに関する諸能力（論理的思考力、表現力、説明能力、ディベート力、説得力、交渉力）が重要視され、何事につけ言語化、いわば「意見の可視化」が求められます。

低文脈文化でのコミュニケーションでは次のようなことがみられます。

- コミュニケーションでは、話し手の責任が重い（話がわからないのは話し手の責任）
- 明示的でわかりやすい表現を好む（5W1Hをはっきりさせる）
- 説明はくどいほど為される（言わなきゃわからない。10回言って1回わかるという姿勢）
- 論理的に一貫した説明が評価される（あなたが好き。なぜって料理が上手だから）
- 質疑応答が当然とされる（クラスでは対話が重視され、講演の後には必ず質疑の時間がとられ、いずれも質問が多く出る）
- 寡黙であることはアイディアがないためと思われ、まったく評価されない（沈黙は鉛）

国際機関では異なる文化、宗教、国籍、価値観、倫理観、歴史を持った職員が働きます。また、職員だけでなく、途上国の公務員や貧しい農民や難民などの支援対象者とのコミュニケーションもあります。さらには、加盟国の大使館員や民間企業のパートナーとも仕事をすることがあります。中には偏見や敵意を持っている人もいる。国際機関は典型的な低文脈文化社会であり、そこでのコミュニケーションは、言語に頼らざるを得ず、しかも相手が自分の事を何も知らないという前提、「通じない」ことを前提にしたものでなくてはならないのです。

国際機関に日本人職員が少ない根本的原因がこの「コミュニケーションの壁」にあると私はみています。つまり高文脈文化でのコミュニケーションスタイルから、低文脈文化でのコミュニケーションスタイルにスムーズに切り替えができる人材、「コミュニケーション文化の壁」を乗り越えることのできる人材が少ないのです。

国際機関で働く日本人を増やすにはそのような人材の育成が必要です。また、低文脈型コミュニケーションに対応できることは、国連など「世界で戦う」ときだけでなく、グローバル化が進む国内においても求められるでしょう。外資の進出などで日本企業が外国人と仕事をする機会も増加の一途をたどっているからです。さらに、日本人同士であっても価値観が多様化し、「文脈」を共有することが難しくなってきています。低文脈型コミュニケーション力の習得は、これからの日本で暮らす私たちにも必要なのです。

以上のような考察をもとに、国際機関でみられる日本人の弱点と対応策をみていきましょう。

①　日本人は議論が下手

日本人の議論下手は国際機関では明らかです。その最たる理由は、単に英語力の有無ではなく、論理的思考能力、説明能力、表現能力、交渉力などを含むコミュニケーション能力の不足、それを引き起こした教育のシステムにあると思います。

ある年の国際機関の採用面接にやって来た25歳の女性は、日本人にしては非常にはっきりとものを言うタイプでした。質問に対する答えが明確で曖昧な部分がありません。私が何を尋ねても、ごく自然に答えが返ってくるので、面接というよりは会話です。彼女は高校からカナダに留学していたのですが、授業の様子を聞いて納得できました。曰《いわ》く、カナダでの授業は基本、対話形式で、何事においてもディベートやディスカッションを重ねながら答えにたどり着く。日本のように教師が黒板に何かを書いて、説明をし、生徒がノートをとって勉強をするのではなく、自分たちで問題を提起し、それについて調べて、話し合いながら授業が進むため、授業中は常に仲間と話をしているわけです。

対して日本では静かに教師の話を聞くだけ。つまらない話なら眠ってしまって当然です。知識をどんどん詰め込む一方で、自らの思考の磨き方を教えてはくれません。単なる知識はネットですぐに手に入る時代に、知識偏重の教育は時代遅れです。

もう一つ彼女の話で興味深かったのは、クラスにはさまざまな国の生徒がいるということ。移民や難民を含め、文化や宗教の異なる多くの国籍の生徒がともに勉強をするので、議論の際、それぞれ違った視点からの意見が出るのだそうです。違った視点を寄せ合うことで、さらに新しい視点が生まれる。それがとても興味をそそるのだとか。

さまざまな意見が飛び交う授業を体験できることは、それだけで素晴らしいことです。同様のことを幼い頃からドイツで暮らした学生も言っていました。小学生から授業は基本的にグループ学習、自分たちで課題を探して、それを調べて発表する。カナダと同じです。

国連パレスチナ難民救済事業機関（UNRWA）本部で財務局長のアシスタントを務めていた一九九〇年頃、私は局の会議の書記役も務めていました。そこで悩んだことが一つ。ドイツ人の同僚が、会議の終わる頃になると決まって“Let me play a role of a devil.”（あえて反論させてくれ）と言って、あえて異論を出してくるのです。問題点と可能性を尽くすために、それがドイツでは普通なのだそうですが、ともかくも早くコンセンサスを得て会議を終わらせたい私は「なんだよ、いま頃」と思ったものです。中身はともあれ、コンセンサスを至上とする日本人と、中身自体の議論を重視し楽しむドイツ人との違いを痛感しました。

異質なものを尊重し、多様性を活かして議論することは、国際機関はもちろん、多くの国で学校教育の中に組み込まれています。日本でも最近はグループ学習や反転授業（映像教材を使って自宅で授業内容を予習し、学校では演習や学習内容に関わる議論を行う授業スタイル）が始まっているようですが、実際やってみると、なかなか生徒同士の議論には至らないそうです。似た家庭環境や考え方で育ってきたもの同士では、共感力は強くなっても議論にはなりにくいからでしょう。

「出る杭《くい》は打たれる」ということわざがあるように日本人ははみ出すことが嫌い。周りと同じであれば安心するという傾向があります。国連勤務を終えて日本に戻った際、黒い髪をして同じようなスーツを着て、バッグも靴も似たようなものを持っている集団を街角で見かけました。一瞬、葬式でも？と思いましたが、就活生だったのですね。会社に入るためには自分をアピールしなくてはならないのに、わざわざ同じように見せてしまっては意味がないのではないか、と思います。

効果的な議論の前提として、参加者が自分の意見を持っていることが必要です。自分の意見を持つことを習慣化するのに有効な方法が「1分間スピーチ」です。

私は、東洋英和女学院大学のゼミで毎週、学生たちに1分間スピーチを義務付けていました。

過去1週間のいろいろな先生の講義の中で面白かったことを取り上げ、それについて1分で説明をしてもらうのです。毎週スピーチをしなければいけないので、彼女たちはいろいろな講義を注意して聞くようになる。何が興味深かったのか、なぜなのか？　それについての考察は？　学生たちは、同じ講義を聞いたのにほかの学生はまったく違ったコメントをすることに気づきます。「そんな面白い講義なら来期に登録してみたい」と思う学生もいます。私も、同僚の先生たちの講義の様子をゼミ生の1分間スピーチから知ることができるのがひそかな楽しみでした。さらにゼミ生たちは、「就活で1分の自己紹介をするように言われたけれど、あわてなかった」と1分間スピーチの効用を話してくれます。

1分間スピーチは簡単で、かつ問題意識を持ち、自分の意見を言語化するのに役立ちます。それはすなわち高文脈のコミュニケーション文化に慣れた私たちが、低文脈の文化にスムーズに移行するのに役立ちます。

「1分間スピーチ」のアイディアは、1990年頃、ウィーンの国連工業開発機関（UNIDO）にいた頃に入っていた国際的なスピーチクラブ「トーストマスターズクラブ」でもらいました。月2回のクラブミーティングではテーブル・トピックというセッションがあり、指名されたらその場で立ち上がって2分間（英語で）スピーチをするのです。トピックは事前には知らされませんから、指名されてから考えをまとめ、立ち上がり、2分話すのです。文法のほか「アー」とか「ウー」もチェックされるので、ものすごいプレッシャーの下でのスピーチです。おかげで人前で話すことは苦にならなくなりました。私が国連で生き延びた理由の一つはこのクラブでの2年間の経験だと言っても大げさではありません。日本にもトーストマスターズの支部が各地にありますから、ぜひ参加することを勧めます。

最後に、自分の意見を持ち、表現するのに役立つもう一つの技術です。私は東洋英和女学院大学で教えていた頃、60分のパワーポイントを使った講義の後、その要旨とコメントを700字ほどのペーパーにまとめて提出することを学生に求めていました。提出されたペーパーは6点、4点、2点で採点します。最初は戸惑う学生たちも、15回の講義の終わり頃になると良くまとまったペーパーを書けるようになります。「意見の可視化」の例です。学生が書いている間、私は教室内を歩き回りながら学生に「突撃インタビュー」をします。学生としてはコメントを書くのに加えて突撃インタビューにも備えなければならず、大変です。おかげで数百人のクラスでも私語などはほとんどないという副次的効果もありました。学生からもとても好評でした。大学や高校の先生にぜひお勧めしたい方法です。

② 自己主張しない日本人は主張すべきアイディアがない？

日本人が異文化コミュニケーションを苦手とすることの裏には自分の権利を含む自己主張の弱さがあります。

アメリカ留学中、学生同士の討論が中心の授業に、議論の流れがつかめず発言に苦労したことがありました。私の英語力が足りなかったことも原因ですが、討論に慣れていないことが最大の要因だったと思います。そのことを担当教授に相談すると、彼はこう言いました。

「日本人の学生はクラスを教師1人対学生全体と捉える。そして、こんな質問をしたらバカだと思われるだろうか？などと周囲のことを気にして発言をしない。アメリカ人の学生は、クラスは教師1人対個々の学生の集合と捉える。極論すれば、一つのクラスには数十の個人授業があるということだから、わからないことや自分の意見があればすぐに手を挙げて発言する。日本人の〝遠慮〟はこの国では理解されない。クラスには君と僕しかいないと考えて、質問や意見があったらすぐに手を挙げなさい。それは君の権利だ。アメリカ人の学生が話し始めたら耳をふさいでいればいい」

「発言するのは君の権利だ」。これは当時の私のような引っ込み思案相手のやや極端なアドバイスですが、留学生のみならず欧米文化の強い国際機関で働く場合には非常に参考になります。

日本の社会では自己主張は敬遠される傾向が強く、幼い頃から周りの空気を読み、忖度しながら皆と協調することに重きがおかれます。しかし、多くの国、特に低文脈の国では自己主張がなければ「主張すべきアイディアがない人」というレッテルを貼られてしまいます。日本人の謙虚な姿勢も不思議がられることもあります。

国連でこんなことがありました。

日本の某官庁の課長が、ジュネーブの国際機関にD－1（部長クラス）として派遣されて来ました。赴任当初の挨拶回りで名刺を持って各部署に出かけた際、相手に名刺を差し出しながら、「何も知りませんが、どうぞよろしくお願いします」と頭を下げました。日本では当然のことです。ところが頭を下げられた人々は、「え？　何も知らないのにどうしてここに来たんだ？」「そんな人がなぜD－1に？」と反発したそうです。ジュネーブの国際機関のD－1と言えば、競争を重ねてもたどり着けない人がほとんどの憧れのポジション。そのポジションにやって来た人が「何も知らない」と口にするのは国連職員には理解されません。自分の力が100あると思えば「150ある」と主張する国連職員の多い中で、100あっても「50しかありません」と謙遜する日本的な感覚は国際的には通用しないという例です。

日本人は総じて、優しく、礼儀正しく、謙虚です。それらは世界的にみても美徳なのですが、度を超すと世界の人々に不思議に思われてしまいます。日本人の私たちが、それらは「度を超えている」とは思わないところが難しい点でもあります。謙虚さや謙遜は、「能ある鷹は爪を隠す」という文化から来ているのでしょうが、そもそも実際に「能がない」という可能性も十分あります。ここで言う「能」というのはアイディアのことです。日本人が国際的に存在感を示せない最大の理由は、〝アイディア不足〟にあると私は思っています。

その背景の一つには、知識偏重で「考えること」や「伝えること」を重視しない教育制度でしょう。それは言語化を重視しない高文脈文化の結果でもあり、原因ともなっています。現在、文部科学省は詰め込み教育から思考する教育への改革を進めているそうです。これまでの知識偏重の授業では、変化の激しい時代についていけないというわけです。知識のほとんどがインターネットで簡単に手に入る時代。得た知識を使って、どんなアイディアを生み出すかが重要です。学校では、答えを探す力でなく、問いを立てる力をつける訓練をするべきでしょう。

幸い、小中学校でも子供たちが皆の前で発表をする機会が増えていると聞きました。大勢の前で発表をする場合は、事前の準備が必要になります。テーマを決めて調べ、議論をしながら考えます。そこから新しい、ユニークなアイディアが生まれます。

アイディアが少ないもう一つの背景は、日本の組織の意思決定のスタイルにもあるでしょう。

異質な意見をぶつけ合うことによってより良いアイディアを生むことを是としない「高文脈文化」の組織では、会議も形式的なものが多くなります。日本の会議のイメージとしては、参加人数が多い、細かい座席指定がある、一言も発しない出席者がいる、5分で終わるべき内容に1時間かける、何も決まらないことがある、実行責任者と期限が不明など、一種の「儀式」であると言えます。重要なことは事前の根回しで決まっているので会議は儀式でもいいわけですが、そのような会議は生産性向上を阻害するだけでなく、その場での議論を通した新しいアイディアの出現を妨げます。官庁における稟議制《りんぎせい》を通した意思決定も、時間がかかる割りに責任は拡散し、新しいアイディアはどこかの時点で消されてしまう可能性が高いのです。

「低文脈文化」の国際機関での会議では、会議の目的が明確（情報交換、意思決定、ブレインストーミングなど）で、詳細なアジェンダ（検討課題）の事前設定があり、参加者は我先に発言し、反対論も出ます。会議は自分のアイディアと存在感を示す絶好の機会だからです。会議の終わりにはアクションプランが作られ、誰が、何を、いつまでに、が決まります。日本人の国際機関での3S（サイレント、スマイリング、スリーピング）は有名ですが、その背景には日本的会議から抜け出せない人が多いということがあるのでしょう。

③ 国際問題に関心の薄い日本人

日本でCNNやBBCなどの英語のニュース番組を観る家庭はどのくらいあるでしょうか。外国に行くと普通のホテルでさまざまな外国語放送が入ります。欧米に限らず、韓国でも、香港《ホンコン》でも、中国でも、ミャンマーでもそうでした。

日本人は、国際問題に対する意識が低いと感じますが、それはメディアのあり方とも関連しています。外国のニュースを放送するのはNHKぐらい。民放では同じようなバラエティ番組が並び、同じようなコメンテーターが同じような発言をしています。「テレビは観ない」という人が増えていると聞きますが、無理もないことです。

先日もアメリカ、スイス、ドイツに出張したのですが、テレビにはいろいろなテーマをめぐる議論だけを放送している番組があります。よくまあ議論だけ観ていて飽きないな、と思うほどですが、需要があるから放送されるのでしょう。日本の放送関係者になぜCNNやBBCが観られないのかと聞いたら、観る人が少ないので引き合わない、との答えでした。

世界の中の日本を意識するようなテレビ番組も少なく、世界へ向けた発信もNHKの国際放送くらいしかない。そんな日本に関心を失った大手通信社は東京支局をたたんで香港や中国に移転しています。国際問題に対する意識の低さとそれに伴う発信力の弱さをいかに克服するか、若い人たちのアイディアと実行力に期待したいと思います。

④　研修旅行で世界を知る若者たち

日本人は世界各国で起きていることについてあまりに知らな過ぎると述べましたが、他方で、問題が山積みの途上国を訪問したりすることでグローバルな問題の存在に目覚め、関心を深め、行動に移す若者もいるのです。私の周りには、そうした学生がたくさんいます。

私は2013年から毎年、夏休みに学生たちを連れてミャンマーへの研修旅行をしています。ミャンマーは2011年の民政移管以後、大きく変わりつつあります。しかし民主化の不徹底、貧困と格差、足りない病院、いたるところに散らかるゴミ、貧弱な教育制度、少数民族との長年の紛争、タイに逃れた難民の帰還、バングラデシュに逃げた約90万人ものロヒンギャ難民の扱い、日本との関係など、問題は山ほどあります。他方で人々は優しく、友好的です。2013年から2017年を平均した「世界寄付指数」ではミャンマーはなんと世界1位です。学生たちは「こんな世界があるの？」と驚き、「どうしてこうなるの？」と疑問を持ち、「私たちは何ができるの？」と考えが深まっていきます。

学生たちが育った日本は圧倒的に居心地がいい。街は清潔で、水も蛇口から飲める。コンビニもたくさんあるし、美味《おい》しい食事も種類豊富に安価で食べられる。街は安全で、住むところもあれば大学にも行ける。そのようなことは世界的にみれば例外で、自分たちはとても幸せな国にいたのだとわかる。自らの恵まれた環境を改めて認識し、その中で小さな不幸を探していたことに気づくのです。そこから両親や周りの人たちへの感謝の気持ちも生まれます。

子供が学校に行けずに働いているなど、ミャンマーの問題は具体的で可視化されています。それに問題意識を触発されると、今度は日本の問題、たとえば少子高齢化とか財政問題など、抽象的で見えにくい問題への関心も湧いてくる。途上国に行くことで、ものの見方が広くなり、考えが深まる。

もう一つ、この研修で学生たちが驚くことは、ヤンゴン大学の学生たちの英語力です。彼らは英語がうまいだけではなく、自分の意見をはっきり言う。ミャンマーの名門校ですから当然と言えば当然なのですが、途上国の学生たちが自分たちよりはるかに英語に堪能で、ミャンマーの政治の話から国際的な問題まで意見を持って発言している。しかも彼らには〝言葉〟がある。自分の内側から湧き出てくる生きた言葉がある。対して自分たちは、新聞も読まない、テレビはバラエティばかり、問題意識なくただ漠然と生きている。そんなことに気がついて反省するのです。ミャンマー研修を機に、外交官になることを決意したり、実際になった学生が何人かいます。

若い人たちには、欧米の観光地でなく、途上国を訪れることを強く勧めます。それは彼らの成長に役立つだけでなく、より良き世界を目指して戦う人材が日本から輩出し、日本が世界に貢献することにつながるのです。

国際機関で存在感に欠ける日本

国際機関での日本の存在感の薄さも個人のそれに似ているところがあります。

国連難民高等弁務官事務所（UNHCR）の中で、最も存在感を放っているのがアメリカです。アメリカは、お金を出すだけではなく口も出す。それも「アメリカ人を多く採用しろ」というレベルのものではなく、新しい政策を提案して「それを導入したなら追加で金を出す」という口出し。UNHCRとしては、その政策に共感できればすぐ実行に移します。提案した政策が安定してきたら、「あとは自分たちで続けてくれ」と言って、また新しい政策を提案してくるのです。その繰り返しで、UNHCR内にアメリカ主導の政策が定着していきます。

また、アメリカはUNHCRの毎年の執行委員会（総会）でも真っ先に発言します。年次総会にもワシントンから国務省幹部が参加しますが、彼らはどこかの難民キャンプを視察した後、総会に来ます。現場の状況を加味した発言なのでインパクトがあるのです。対して日本大使の発言は参加メンバーも減る2日目か3日目です。日本はあえて後半に発言ポジションを持って来ているのかもしれません。

国連総会での日本の首相の演説も同じです。総会初日でなく、2、3日目にガランとした会場で話をしていることは、テレビのニュースでは読み取れません。日本のメディアは日本の代表だけを映しているので、国際会議での日本の存在感の無さは伝わってこないのです。どのみち発言するなら初日にして、日本の存在感を出してほしいものです。

第6章　個人としての国際競争力をつける9か条

この章では、私が考える「生き残りと貢献のための9か条」を紹介します。グローバル化した世界でも、日本でも今後は「個人」の力が評価され、「個人としての国際競争力」が大切になります。世界の公益のために働き、貢献するために私たちに必要な能力と為すべきことは何か——、私が経験したり、見聞きしたことからまとめました。

1　最初の100日で成果を出す

採用された新卒について、日本企業では「最初の半年ぐらいは様子を見よう」という空気がありますが、それは企業が時間をかけて人材を育成しようと考えているからです。長期的視野で社員を育成する場合は、ある部署で2～3年間経験を積んだら異動させる。キャリアスタートの半年は「最初の投資」と考えればいいわけです。要するに日本企業では「企業が人間を教育する」という点に大きなウエイトをおいています。

対して国際機関では、基本、職員は専門家として採用されます。面接時に「あなたはこの仕事ができますか？」と聞かれて「できます」と答えた人が採用されるわけですから、特別な訓練や研修は必要ないと考えます。また国際機関では一つのポストが空くたびに代わりの誰かが入ってきます。日本のように定期的、全組織的な人事異動はないのでその際、基本、新人（新規管理職）は1人だけ。皆が新参者に対して「どの程度仕事ができるのだろう？」と注目しています。特に管理職は、多くの部下が期待と不安を持って観察しています。小さなことでも早い段階で行動を起こし、結果を出さないと認めてはもらえません。大切なのはスピード感。そのためには新しいポジション着任後すぐに行動を起こせるよう事前の準備が必要です。

私の場合、専門は財務ですから面接前に必ず組織の予算書に目を通しました。それにより担当部局がどのような問題を抱えているのかを考察し、解決方向についての提案を用意しました。面接で解決案について尋ねられても「問題点とソリューション」を答えられますし、採用後には、すべきこともみえているわけです。最初のスタッフミーティングのときに、部局の抱えている問題点と今後の方向性を示し、部局の目標を設定することも可能でした。

また管理職ではなく一部員レベルでも、スピード感は大切。私が印象に残っているのは、ウィーンの国連工業開発機関（UNIDO）監査課長時代に他部局から引き抜いたドイツ人女性部下のキャロライン。彼女は英語も堪能で、ペーパーも論理的で短時間に完成させます。異動直後でも、アクションは速く、必ず結果を出してくれる。私にとってこれほどありがたい部下はいませんでした。ちなみに彼女は、アジア開発銀行（ADB）に転職してキャリアアップし、若くして世界銀行の評価担当副総裁に上り詰めました。

大切なのは、100日以内で結果を出すこと。スピード感ある仕事が求められる国際機関では、100日が個人の能力を判断する一つの目安になります。

2　リーダーシップをとる

日本人が苦手なことの一つに「リーダーシップをとる」ことがあります。リーダーに必要なことは、組織のミッションに基づいたビジョンを共有すること。そのために自分の部局が〝いま〟何をすべきかを言葉で伝えることが大切です。

管理職の初動は注目されます。普通は、前任者と異なる新しいビジョンを提案するものです。あるリーダーが4～5年の任期を務めると、一般的に半分のスタッフが支持し、残り半分は不支持派となります。不支持派は、新しいリーダーが現状を変えることを期待しています。当然、前任者の支持者である半数は不安を覚えるわけですが、それでも新鮮な風を求めていることは確かです。

　私の知る国連難民高等弁務官事務所（ＵＮＨＣＲ）のリーダーには印象的な人が何人かいました。たとえば前の国連難民高等弁務官のアントニオ・グテーレス氏。彼の就任時には、国境の外に流出した難民に加えて、国境内にいる２０００万人を超す国内避難民も助けるべきなのか、という議論が結論をみないままＵＮＨＣＲ内部で何年も続いていました。

　グテーレス氏は就任後すぐに、「ＵＮＨＣＲとして国内避難民についても積極的に関与していく」と発表。しかも「この問題については今後、議論はしない（これが決定事項だ）」と宣言したのです。就任してすぐに組織の基本的ミッションにかかる難問への答えを出したことに誰もが注目しました。この決定に不満を持った人もいたでしょう。しかし、いつまで経っても前に進まない議論に終止符を打ち、組織として進むべき道を明確にしたことで、その後の組織と事業体制の大改革に取り組むことができました。

　ちなみに、彼は２０１７年に国連の事務総長になりました。下馬評では次回の事務総長は東欧諸国の女性政治家と言われていたのです。ところが、候補者が居並ぶ公開討論会で風が変わりました。メディアやＮＧＯなどからのさまざまな質問に、英語とフランス語とスペイン語を見事に使い分け、明確に、ときにユーモアも交えて回答する姿に会場は魅了されました。

グテーレス氏のスピーチ力は有名です。来日した際に私は「あなたはスピーチがとても上手だが、どのように準備をしているのか?」と尋ねてみました。すると彼は3枚ほどの小さな紙を見せてくれました。そこには、スピーチのアウトラインが書かれていました。それを寝る前に読んで、朝もう一度読んで、スピーチの直前に再度読むのだと言います。アウトラインで流れさえつかんでおけば十分だそうです。たまに言いたかったことを忘れてしまう瞬間もあるとのことですが、そのときは、とにかく話し続ける。そうするうちに話したかったことを思い出すそうです。スピーチの名手の打ち明け話です。

3　上手に自己主張する

先に、国際機関での自己主張の大事さについて述べました。自己主張訓練について欧米では多くの本が出ていますが、日本でもアサーション(主己主張)・トレーニングなどの場が増えているようです。機会を作って参加することを勧めます。一生の財産になります。かくいう私も前章で述べたように、ウィーンで参加しました。

自己主張と切り離せない交渉術についても多くの本があります。まず問題の定義をする、相互利益に焦点を当てる、立場にこだわらない、問題を個人化しないなどのアドバイスが記されています。外国人との交渉では、交渉スタイルに文化的な差異があること、たとえば日本人や中国人は人間関係や個人的信頼関係を作った後、個々の事案について交渉する傾向があり、アメリカ人はストレートにビジネスを持ち出しやすい……などを正しく理解し、交渉相手によって異なるアプローチをするべき、などとあります。

とはいえ、自己主張の大切さを知ってもなかなか行動に移すのは難しいと思います。具体的なシーン別に自己主張のノウハウをまとめてみました。

上司や部下から批判されたときは？

上司・部下を含む同僚からのネガティブフィードバック（批判）は自己成長に欠かせないと理解できても、やはり愉快なことではありません。批判されたときの一般的な反応は「恐れ・怒り」「恥」「反撃・反論」「否定」「言い訳欲求」などでしょう。

心外な批判を受けたときは、深呼吸するなり10数えるなりして、まずは落ち着くこと。UNHCRの幹部で、自分に対する批判的なコメントがあると即座に反撃することで有名な人がいましたが、その衝動的な反応は知性を欠く証拠とみられて周囲から軽視されていました。

日本人は、反応を見せずに沈黙することも多いようです。これは人間関係に慎重な態度から生じるものですが、この反応は「批判をそのまま受け入れた」と解釈されかねません。その際には、必ず「イエス」か「ノー」あるいは「保留」か、明確に示すべきです。その上で「弁明」や「弁解」ではなく「説明」をします。

仮に批判が不当であると感じたら「君の批判は合っていないと思う」と自分の判断を述べるにとどめ、「君は間違っている」と相手を批判することは避けること。相手は他人をどのように判断するかを決める権利があるからです。その点「私は～と思う」という表現は、相手の判断の権利を侵害しません。テニスにたとえるならボールは相手に移ったわけで、ボールをどう打ち返すかは相手の自由です。

相手を批判するには?

自己主張が弱いと、相手に不満があってもそれを告げず、関わり合いを避けてしまいます。日本人に多く見られるタイプですが、その裏には「相手から拒絶されることに対する恐れ」「相手の立場を察するあまりの遠慮」などがあります。

しかし、国際機関では自分の考えを直截的《ちょくせつてき》に表現することがスタンダード。たとえば、相手の立場を察して不満を告げずにいても、そんな配慮には気づかないのが普通です。そうなると「私がこんなに悩んでいるのに、それを察しようとせず無神経だ」と不満はますます溜まり、突如（に見える）辞表を叩きつけて職場を去る、ということにもなりかねない。不満を言葉で伝えることが日常の彼らは、こちらの不満を知ったとき、「そんなに悩んでいたのなら、なぜもっと早くはっきりと言わなかったのか」と不思議に思うはずです。

不満を感じた場合は、「あなたの言うことは間違っていると思う」と言うべきです。ただし〝静かに、冷静に、しかしはっきりと〟です。そうすると相手は意外と前向きに反応してくれます。

また、批判をする場合は、相手の「行動」に焦点をあて、決して「人格」や「能力」を問題としないこと。「あなたは無能だ」と言ったところで相手の能力が向上するわけではありません。相手をなじるような言い方もＮＧです。「なんであなたはそんなに勉強ができないの！」と責めても、子供の成績は上がりません。相手のどのような行動（不作為、作為）が自分にとって不満なのかを具体的に示すことです。あくまでも自分の感じ方や意見の表明に徹し、相手への指示や人格判断は避けること。

相手の要求を拒絶するときは？

〝日本人のイエス〟は100％賛成から100％反対までをカバーする――これは、日本人の曖昧さを揶揄《やゆ》するジョークです。表面的にでも相手との関係を円滑に保ちたい、相手を不用意に怒らせたくないという日本人特有の心理的機制は、外国人にはあまり理解されません。

「ノー」は丁寧に、しかしはっきりと言うこと。上司に「あなたの求める目標は期限内には達成できません。なぜなら……」と論理的に意思表示ができる人は周囲から一目おかれます。曖昧なノーは、相手に期待を持たせ、さらに強い（ときに無理難題の）要求を招きかねない。しつこく要求を繰り返す相手には「ノー、ノー、ノー」を繰り返す「ブロークンレコーダー（壊れた蓄音機）法」も役立つときがあります。そんな相手には、断る理由を告げる必要はないのです。「拒絶する技術」です。

相手に何かを要求するときは？

相手に何かを要求することも自己主張の一つです。

不満を伝えるときと同様、「こんなことを頼んだら悪いかな」と逡巡《しゅんじゅん》せずに、まずは要求を口に出すことが大事。「要求」は相手に対して自分が何を望むのかを伝えるに過ぎず、それを強制しているわけではありません。相手にはそれを拒否する自由があるのです。しかし「頼み事は案外うまくいく」もの。まずは相手のコートにボールを打ち込んでみる。打ち返すか、見逃すか、打ち返すとしたらどんなボールが返ってくるのか、すべて相手次第です。そう考えれば、こちらの心理的負担は軽減します。

要求するときは「私は、あなたに○○してほしい」と「私」を強調します。要求事項は漠然としたものではなく、具体的な内容に絞る。たとえば「パリに連れてって」のほうが、「旅に連れてって」より効果的でしょう。

以上、シーン別の自己主張のノウハウを紹介しました。繰り返しますが、国際機関では自己主張は当たり前。いかに「上手に自己主張するか」が課題です。かくいう私は、家ではまったく自己主張ができません。有言不実行です。

4　異文化コミュニケーション力をつける

国際社会における日本人の発信能力には「何を伝えたいか」と同時に「どう伝えるか」とい

うコミュニケーション戦略の問題があります。国際機関の内部では、自分が正しいと思うことをいかに組織の中で広めるか、つまり「情報宣伝活動」がものを言います。見方を変えると、いかに組織の中で「政治家」として成功するか、の問題です。

コミュニケーションのプロセスには「送り手のメッセージ」「受け手による反応」「コミュニケーションを取り巻く環境」があり、これらがうまくかみ合ってこそ効果的なコミュニケーションが成り立ちます。言い換えると「誰が何を言うか」「聞き手にどう捉えられるか」「競争相手が何をどう言っているか」の分析が要ります。

私はインパクトあるメッセージを考えるとき、1940年のイギリス・チャーチル首相のスピーチと1961年のアメリカ・ケネディ大統領のスピーチを思い出します。圧倒的なドイツ軍の進撃の中、国家的危機に直面したイギリス下院議会の演説で、チャーチル首相は「私が提供できるものは、血と労苦と涙と汗だけだ」と述べました。過酷な現実を直視した大胆な発言ですが、このひと言で未曽有の危機に瀕して押しつぶされそうだったイギリス国民の士気を奮い立たせたのです。

また、ケネディ大統領はアメリカ大統領就任の演説の中で「国があなた方のために何ができるかを問うよりも、あなた方が国に何ができるかを問いたまえ」と述べています。ケネディが言ったということを捨象しても、人間の前向きな力を引き出す愛国心、公共心、深い心情に訴える強力なパワーのある有名なメッセージです。

両者に共通しているのは、明確でアピール力に溢れていること。単なる「事実」ではなく「価値観」がメッセージに含まれています。価値観を表明し、相手に受け入れさせることは、単純に事実を伝えることとは異なる難しさがあります。

UNHCRの活動で言えば「すべての難民が十分な国際的庇護を受けている」という事実命題の真偽を調査によって検証することは可能ですが、「すべての難民は十分な国際的庇護を受けるべきだ」という価値命題が正しいかどうかを科学的に検証することは原理的に不可能なのです。価値命題は、世界中の多くの人々や国々が認めることによって「世界的規範」となり、いずれは国際法や国内法となって人々の行動を規制します。こうした規範の発達は、効果的なコミュニケーション活動(情報宣伝活動)があってこそ可能。権利擁護のためのアドボカシー(代弁)活動です。

世界的規範の形成のためには「事実の伝達」だけでなく、多くの人々や国々の「価値観を変える」ための能動的なコミュニケーションが不可欠です。単純に事実を伝えるだけでも誤解や曲解があって容易ではないにもかかわらず、新たな価値観を伝え、多くの人々をその「信者」

にするコミュニケーションは、いわば相手を「洗脳」するプロセス。憲法を変えるべきかどうか、消費税を上げるべきか否かなどをめぐる国内政治活動でも大きな困難を伴います。まして や異なる文化圏に属し、固有の歴史を持ち、国際法上では完全に平等である193か国の権力主体がこぞって自国の価値が正しいことを主張する国際社会で、皆が納得する国際規範を作り上げるのは至難の業です。

国際機関はそのミニチュア版で、異なった価値観が入り乱れて常に優劣を競っています。UNHCRであれば、難民と並んで国内避難民を支援すべきか否かについての議論、援助であれば、気候変動の緩和のための巨額の資金を途上国と先進国、民間と政府がどの程度負担すべきか、についての議論はそれぞれ違う価値観に基づいています。自らの価値観を表明し、相互の違いを認識し、かつ違いを乗り越えて、より高いレベルで国際社会共通の価値基準を形成するところにこそ、国際機関でのコミュニケーションの本当の難しさがあると言えるでしょう。

その中で日本人はまず「事実」を伝えるコミュニケーションをもっとするべきだと思います。たとえば日本国憲法などの世界に誇れることを、国内外で広く広報宣伝するべきです。そして、それ以上に日本（人）は「価値」をめぐる論争で、もっと旗幟《きし》を鮮明にすること（自分の立場を明確にすること）が求められています。同質的価値観に支えられた社会で育ち、一方で異論を唱えることを自制し、他方で以心伝心のコミュニケーションに頼ることができる「高文脈文化」で育った私たちにとって、「旗幟を鮮明にする」必要性は小さく、その結果、価値をめぐるコミュニケーション技術も発達しませんでした。国際機関を含めグローバルな競争社会では、さまざまな事柄に対し、旗幟を鮮明にし、その上で説得力あるメッセージを送ることが勝負に勝って生き残り、成果を上げるために大切なことです。

無数のメッセージが飛び交う中で、人々の注意を引き、内容を効果的に伝え、さらには共感を呼び、行動してもらうことはある種の政治活動であり、難しく感じますが、ある程度「技術」でカバーできます。ここからは、国際機関での具体的なコミュニケーション技術をお話しします。

書く

国際機関は基本「文書主義」です。特に本部における仕事の大半は「文書の読み書き」と「会議」です。報告書や長いメモを書く際に最初にすることは、論旨を明確にするために要旨とアウトラインを作ること。レポートなら「問題定義」「原因分析」「解決策の提示」と大まかに三分割し、それぞれをさらに三分割すると論旨がはっきりします。たとえば、三つの原因、三つの解決策という具合です。あるいは、「起承転結」の四分割でもいいと思います。適宜「ヘッダー」を入れておくと読みやすくなります。

ドラフト（基本案）ができたら、必ず専門家の同僚に見てもらい、批評を受けるのが、いい文書を書くコツです。できるだけ母国語が英語の同僚に見てもらうことを勧めます。キャリアの初め頃にはドラフトレポートなどを上司や同僚に回してコメントを求めると真っ赤に修正されることもありますが、批判はありがたいと感謝すべきでしょう。逆に、ほかから回ってきた質の悪いドラフトは内容を理解した上でコテンパンに批判してかまいません。プロフェッショナルは相互批判を恐れないのです。たとえば上司の文書のできが悪いとき、忖度して「素晴らしいペーパーです」などと持ち上げると、周りから「あいつはわかってない」と思われます。

よく勉強をして考えた人の書いた文書と、そうでない人の文書とでは明らかに違います。文書の質でその人を判断する傾向も強く、影響力も変わってくるので、慎重に作ります。国際機関の英語語彙《ごい》には偏りがあり、あまり増えることもないので、仕事以外の本を読むなどして語彙を増やしましょう。幹部になったら重みのある文章を書くように心がけるべきです。

話す

文書を書くときと同様に話をするときも筋道の通った構成を立てる必要があります。その上でさらに気をつけるのは、アイコンタクト。日本では「目は口ほどにものを言う」と言われ、相手の目を見ることに意味を見出します。たとえば「好き」ということを伝えるのに、そう口にするのでなく、思いを込めて見つめるなどです。欧米では、相手の目を見ないことに意味を見出します。視線を合わせないと、何か隠している、自信がない、信用できないなど、ネガティブな印象を与えてしまいます。

会議は自分のアジェンダを売り込むマーケティングの場、または選挙での街頭演説の場です。積極的に発言をして、周囲の意見に影響を与えます。国際機関では「沈黙は金」でも「出る杭は打たれる」でもなく「出ない杭は腐る」と心得ましょう。黙っていると「アイディアのない人間」というレッテルを貼られて大切な会議にも呼ばれなくなります。会議に出席したら意見は必ず一度は言う。長い発言よりはポイントを絞った発言のほうが歓迎されます。

読む・聞く

効果的なコミュニケーションには、書く力、話す力と同様に読む力、聞く力も必要です。第一に自分の送り出したメッセージが正しく相手に届いているかを確認する、つまり、フィードバック情報を確認します。相手に論文を送ったところで、読まれている、または正しく理解されているとは限らない。同様に、自分の大切な話を頷《うなず》きながら聞いてくれているように見えても、実は「今晩のおかずは何にしよう？」と考えているかもしれません。

また、「話し上手は聞き上手」と言われるように、相手の話を聞くことも大切です。我々日本人は聞く力はあると思い込みがちですが、得てして何を話すかに気をとられて、ほかの参加者の発言にあまり注意を払わないきらいがあるようです。

そもそも人間には「選択的認知」をする傾向があって、相手の発言のうち自分の意見と同じことには注目しても、相手が本当に言いたいことには必ずしも気づかない。メッセージを正しく理解することは、こちらのメッセージを正しく伝えることと同じくらい、あるいはそれ以上に難しいのです。ましてや「言葉の壁」があると、文化の違いからくる表現スタイルの違いがあり、コミュニケーションの困難はさらに増してしまいます。

グローバルコミュニケーションの環境には、誤解の素地が山積みです。

5　上司を管理する

日本のように上下関係を重視する組織で働いていると、「上司を管理する」という発想はそもそも生まれないでしょう。たとえば上司とうまくいかないとき、人事異動で上司か自分が配置換えになるのを待つのが一般的でしょう。

国際機関では積極的な上司管理がとても重要になります。一番大きな理由は、採用や昇進、解雇など人事案件において人事部が大きな権限を持っている日本の組織と違い、国際機関では所属部局の上司が大きな人事権を持っているからです。上司に好かれたら実績にかかわらず昇進する可能性は十分あります。逆に嫌われたら、昇進どころか契約更新も危ういかもしれません。

また、国際機関では、全組織的、定期的な人事異動の制度はありません。上司が苦手でも、彼・彼女が定年までその椅子に居座る可能性もあるのです。自分がほかのポストに異動することも解決策の一つですが、専門職の場合、そのポストが最も相応しい場合もあります。異動が叶わないとなると、いまの上司がいることを前提に解決策を探さざるを得ないことになります。つまり、国際機関では、自分のキャリアをかけて主体的かつ積極的に「上司を管理する」ことが、生き残りと昇進、そして影響力を増すために不可欠なのです。

アメリカには“how to manage your boss”という類の本がいくつもあります。これにはアメリカの人事制度が国連と同じ（というよりは国連がアメリカの制度をコピーしている）という背景があります。であれば上司を管理するという発想があるのは当然。ちなみに、アメリカの組織文化には「上司の言うことに、良し悪しを問わず従う」という考えはありません。上司と部下とでは役割が異なるだけで、人間の価値が変わるわけではないという考えが根底にある。だから地位の上下にかかわらずファーストネームで呼び合うのです。

国際機関では、自分の考えを上司であれ、部下であれ、絶え間なく表明することが必要ゆえ、上司と意見が食い違うことは頻繁で、衝突は避けられません。その上で、上司との関係を改善するのは自分の責任だ（上司の責任ではない）と前向きに考え、建設的な関係を結ぶ努力をすべきです。

具体的な上司管理法の前に、確認すべきことがあります。第一に、上司の立場に立って考えてみること。人間関係の中でどちらか一方にすべての非があることは少なく、上司からすればあなたこそが「無能で役立たずの部下」なのかもしれません。一つの現実を違う角度から見ると、異なる現実が見えてくる、大人なら、誰もが体験する真実です。

第二に、上司を類型化することです。たとえば、「専制的上司」対「民主的上司」。専制的上司に民主的な運営を求めても無駄ですし、民主的上司に自らの責任だけで決定を下してほしいと迫っても難しい。同様に「人間関係に重きをおく上司」と「業績を重視する上司」の違いもある。この問題は上司の出身国のマネジメント文化によるところが大きく、欧米人であれば業績志向型が多く、アジア人や中東・アフリカ人の場合は人間関係型になる傾向を強く感じます。

ほかにも「聞くタイプ」と「読むタイプ」もあります。聞くタイプの上司に文書を送っても読まない場合もあり、ちょこちょこ顔を出してコミュニケーションをとるほうがいいですし、逆に読むタイプの上司にはメールで簡潔に要件を告げるほうが効果的です。上司のタイプを見極めて、それに合わせて対応することが大事です。

第三に、同じ上司でも組織の状況によって行動が異なることを知ること。国連でも危機に瀕した組織とポストが増えて伸びている組織とでは上司の行動が異なります。前者は神経質に、後者は寛容になる。組織の状況に応じて上司への対応を変えなければいけないということです。

最後に忘れてはならないのは、上司にも上司がいるということ。権力があるように見える国連事務総長にして、190人を超す口やかましい上司（国連加盟国）がいるのです。上司もその上司との関係構築を考えているのです。だとすれば、上司がその上司に褒められるように仕向けていけばいい。「上司を助ける」という姿勢を保つべきです。言うは易しではありますが、これらの要素を頭に入れた上で、具体的な上司管理法について考えてみましょう。

まず大事なのは、上司の「関心」や「利益」をできるだけ理解した上で対応を決めること。上司の自分に対する期待（「こいつに任せておけば大丈夫だ」「任せておけば予想以上のパフォーマンスをする」）を醸成できれば、さらにいいと思います。言うまでもなく、上司の最大の関心事は、部下がいかに自分の求めるような業績を上げてくれるか。あなたの貢献が自分にとっての利益になると上司に感じさせれば、上司の管理は成功です。手っ取り早いのは、上司が抱える問題を解決すること。常に複数の課題や問題を抱えている上司にとって、自らに代わって問題解決をしてくれる部下ほどありがたいものはない。解決するまでは難しくとも、いくつかの解決策を提案できるといいでしょう。

次に、コミュニケーションを絶やさないこと。私自身の経験を振り返っても、上司とトラブルが起きるのは、実質的なことではなく、「俺は聞いていない」程度のこと。つまりコミュニケーションの欠如が生む問題です。上司との間でコンスタントに情報が行き来するようにするには、日本語で言う「ホウ・レン・ソウ」＝「報告・連絡・相談」が役立ちます。仕事を与えられたら必ず報告する、時間がかかる際には中間報告を怠らない、わからないことは聞く、面白い情報があったら「ご参考までに」と知らせます。

その上で、良好な上司との関係を長期的に構築していきます。つまり信頼関係ができていれば、上司とあなたの考えが異なっていたとしても、意見の違いは乗り越えられます。一回一回の戦闘の勝敗を気にするのでなく、上司の信頼を得るという戦争に勝つことです。上司との関係は、砂漠でラクダに乗った隊商がたまたま出会って別れていくような関係ではありません。一期一会の関係でもありません。少なくとも数か月、長ければ5年10年の付き合いになりますから、関係構築も時間をかけて戦略的に行うべきです。上司に叱られて落ち込んだときには「バルコニーに出てみる」、つまり高い視点、広い視点から自分の立ち位置と為すべきことを考えてみると、また元気が出てきます。

さて、上司と衝突した場合はどうすればいいか。専門職制度が徹底している国連の機関では、上司より部下のほうが専門家であること、博士号を持っていたりすることはままあります。両者の意見の食い違いやそこからくる衝突は珍しくありません。問題が実質的に関わる、たとえば政策論の場合、自らの意見を丁寧に説明し、我慢強く上司の説得にあたります。反対をされてすぐに意見を引っ込めるようなら、そもそも提案はしないほうがいい。

上司の決定が間違いで、その被害が大きいと確信した場合は上司の上司への直訴も考えます。辞表を懐に入れたつもりで気迫を持って臨むと上司が折れることも少なくありません。プロとしての責任感から上司との対決も辞さないという姿勢は周囲の尊敬を受けることもあります。

とはいえ、上司との勝負に負けて閑職に追われたり、職を失う可能性があることも否めません。そうすれば自分も組織も長期的な利益を失うことになります。上司との戦いに形の上で勝利をしても、何らかの傷は残る覚悟も必要です。傷なき勝利はありません。経験の浅い若手のうちは上司との対決は避けるべきです。

上司との対立の場合、上司の上司からの支持の有無が勝敗のキーポイントになります。そして上司の上司からの支持の有無は、あなたの日頃の組織内での評判によります。業績をきちんと積み上げた上で、その業績を上司だけでなく、他部局の職員の目に触れるようにしておくことが、あなたを守ってくれるのです。業績をリストアップしておくことは、ほかの組織に「避難就職」する際にも役立ちます。

こう言ってしまうと元も子もありませんが、「上司問題」には抜本的な解決法はなく、職場の環境、上司の役割と性格に加えて、自らの役割と性格を考慮しつつ、長期的な視点を忘れずに、プラグマティック（実利的）な解決法を探していくよりほかありません。私の場合も、国連にいた期間、上司との間で緊張感がなかったことはほとんどありませんでしたが、いまとなっては、「あのときはなんであれほど対立したのだろう。大人気《おとなげ》なかったかな」とも思います。そのときは自分が絶対正しい、戦うべきだ、と思っても、後になると、大したことじゃなかったな、ということもあります。「バルコニーに出る」ことの大切さを改めて思います。

上司との関係をストレスの源にするのではなく、一つの「チャレンジ」として良い関係構築を図ることができれば、それ自体が「上司を管理する」ための第一歩となります。また、そういう前向きな考え方ができる人が国際機関に向いていると言えましょう。

6　オフィス・ポリティクスに対処する（政治的な行動は望ましい）

ポリティクス＝政治的行動という言葉にはネガティブな響きがつきまといますが、実は国際機関を含む人間組織はすべてが政治的に動いているという側面があります。ここで言う「政治的行動」というのは「相手の意見を変える」「行動を変える」という意味です。

たとえば、私が何かを成し遂げたいと考えたとき、ほとんどのことは自分の力だけではできません。誰かの協力や資金が必要になる。その場合、必要な人々に自分の意思をアピールして協力を得ることになります。これが政治の原点です。

こう考えると、無意識であれ、皆が常に政治的な行動をとっていることに気づくでしょう。

私たちは多かれ少なかれ政治家なのです。中でも、何かのプロジェクトを成し遂げるために協力や資金が必要なとき、組織がダウンサイジングされたり再編成されたりしてポストの増減がある場合もオフィス・ポリティクスが目に見える形で出てきます。指揮命令系統が不明確で個人の裁量の余地が大きい環境でもポリティクスは出やすいと言えます。

言うまでもなく、より高い地位に就けば、責任も、使えるお金も大きくなります。自分のミッションや夢の達成の可能性が増えます。だからこそ、国際機関では昇進競争が激しくなるのです。私益のための昇進活動ではなく、自分の信じる「世界の公益のための政治活動」は好ましいもの。極論すれば、国際機関の職員は世界の公益の実現のための政治家になるべきなのです。

政治家に最も大切なのは「評判」です。評判がいい人（あるいはチーム）のところには多くの人が集まってくる。併せてお金（予算）も集まってくるのです。評判のいい政治家には多くの支持者がつき、得票数も増えて政治基盤が固まり、政党内での影響力が強まるのと同じです。

評判を高めるには、まず存在を知ってもらうためにも、ことあるごとに「発言」を繰り返すこと。会議で、書類で、メールで、自らの意見を発信します。最近ではフェイスブックやツイッターなどSNSでの発信も盛んです。組織のガイドラインに従う必要はありますが、SNSによる発信は人材を常に探している組織の「人材探索レーダー」に映ります。新聞への投稿なども遠慮なくしましょう。メディアはいつも面白い人かイベントを探しているのです。加えて、組織内外でのネットワーキングのための時間の投資は厭《いと》わないようにします。黙っていても人が寄ってくることはありません。自ら「この指とまれ」でイニシアティブをとることで、自らの権限が及ばないほかの部局への「影響力の輪」を広げられるのです。

欧米のある調査によると「効率的な管理者」は自分の部局内のコミュニケーションと人的資源管理に時間を費やすが、「成功する管理者」は大半の時間を対外的なネットワーキングに費やし、内部の人的資源管理には多くの時間を使わないそうです。たしかにうまくいっている組織はトップが対外関係に大半の時間を費やし、ナンバー2が内部の仕事を仕切っていることが多いように感じます。

より積極的なネットワーキング対策は、組織内の既存の委員会やワーキング・グループに積極的に関わること。ただし、やり過ぎると「あの人は仕事がなくて暇な人間」と思われる場合もあり、注意すべきです。高等技術としては、自らワーキング・グループを作り、ネットワークを広げること。組織内で名前も知られ、リーダーシップを示すこともできます。

私はＵＮＩＤＯの監査課長のときに国連機関の監査課長・部長のネットワークを作り、毎年世界各地で会議を開く体制を作りました。同じく、ＵＮＨＣＲの財務局長時代は国連機関の財務・予算ネットワークを立ち上げ、毎年会議を開いて共通の問題を討議し合いましたが、それは国連機関内の転職に役立ちました。いまでは、SNSで国境を越えたグループを作ったり、イベント告知が簡単にできます。新しいテクノロジーを駆使してネットワークの拡大・深化を図りましょう。それが国際機関内での政治的基盤の強化になります。

さて、あなたが管理職であるなら、組織内の「公式な地位と権限」に過度に頼らないことも大事です。特に外から管理職で来た場合、基盤が固まらないうちに公式な権限によって部下の掌握を図ろうとしがちですが、それは間違い。日本には「名刺信仰」、「肩書き教」が広がっていて、初めて会った場合、相手の顔を見る前に名刺を精査し、自分との相対的な社会的地位関係を把握した上で対応する姿勢を変えます。大企業だったり中央官庁だったりすると、その組織が相手の背景に浮かぶ、いわゆる「ハロー効果」が生じて、つい深いお辞儀をしてしまいます。

対して国際機関では名刺は連絡先を知る程度の役割。何よりも「あなたはこの組織のために、そして我々のために何ができますか?」を問われます。そして部下は常に上司にどの程度の実力があるかを探っています。その器ではないとの評価が最初の数か月でできあがってしまうと部下からのサポートは極端に減り、「笛吹けど踊らず」になってしまいます。結果、業績は上がらず、焦りは募り、職務命令を乱発し、最終的に人心の離反を招く。上司は常に部下に対して「実質的な権威」と「付加価値」を証明し続ける必要があるのです。「権限」だけではなく「尊敬」を得られるよう、実質的な影響力を大きくする努力が必要です。

新任管理職は、まずは孤立を避けることが大事です。新任管理職にとって情報収集とネットワーク作りに効果的なのは日本式の「表敬訪問」。国際機関では新しい管理職が来ても人事部があちこちに紹介してくれることは皆無です。こちらからわざわざ出向いて挨拶に行くと驚かれかつ歓迎されます。

私は、新しい職場に異動した際、最初の数か月に数十名の幹部を回りました。こちらは何十人もの相手の名前を覚えられなくとも、相手はこちらを覚えてくれ、その後の仕事がずっとしやすくなりました。さらに3か月に一度程度は秘書にアポをとってもらい幹部への訪問を続けました。部下に対しても、定期的に挨拶回りをして、彼らの仕事について尋ねました。これは部下にとってはモチベーションにつながりますし、その中で優秀な部下が見つかることもあります。そうした部下を時間をかけて集めることで、「あの部局には優秀な人間が集まる」という評判ができ、さらに優秀な人材が集まるというプラスの循環を生むことができます。

組織内政治家になるためには、権力の行使を恐れてはなりません。

ＵＮＩＤＯの監査課長だった頃、大規模リストラの中で抜擢されて財務部長になり、さらに人事部長と予算課長も兼任したことがあります。組織の存亡をかけた非常時ではありましたが、重い責任に伴う権限の行使に慣れておらず、とても戸惑いました。部下から「もっとボスらしくしてほしい」と注文を付けられたことはさておき、事務局長に「タキ、権力を楽しめ！」と言われたのはショックでした。私には権力を行使するという意識、ましてやそれを楽しむという経験がなかったからです。

いまになって振り返れば、私は国際機関の内部での「政治活動」、特に権力行使の重要性と難しさを十分に理解していなかったと思います。自分が達成したいことを実行するには権力と影響力が必要なことは頭では理解できる。しかし、その権力を実際に、ときには冷酷に使うことはできませんでした。

たとえば大リストラを始めたＵＮＩＤＯで、人事部長として解雇通知を何人かに手渡したときには、衝撃を受ける同僚の様子を見て、私のほうが落ち込んでしまいました。権力の使い方に慣れていないことは、国際機関においてはときに弱点になるのです。

しかし、家族を抱えて路頭に迷うことになる同僚の心中を察することができない、またしないのは、そもそも人を助けるための国際機関で働く者としてどうなのか。組織人としての論理と個人としての倫理の葛藤をどうするか。これはどの組織にいてもあり得ることですが、どこで働くにせよ、優しさを忘れてはいけない。それは確かなことです。

7　裸の王様にならない

ＵＮＨＣＲでは２００６年から、幹部職員に対して「３６０度人事評価」を始めました。これは、上司だけでなく、同僚または部下からも匿名の人事評価を受けるシステムです。省庁や企業におき換えれば、課長や部長、あるいは取締役や社長に対して、上司はもちろん、同僚や部下も人事評価に加わるもの。画期的な取り組みです。日本政府も、２０１９年秋から「３６０度評価」を中央省庁のすべての課長級の人事評価に拡大するそうです。

評価の設問は「自己管理力」「言行の一致」「積極性」「冷静さ」「働き過ぎか否か」「人の言うことに耳を傾けるか否か」「チームビルディング」「紛争処理能力」「決断力」「リーダーシップ」「戦略的志向性」など90項目にも及び、それぞれについて、上司、同僚、部下の評価の平均値が出されます。個々の評価は自分以外には伏せられ、人事局にも渡りません。評価報告書が手渡された後、外部コンサルタントが３回にわたって個人面談を行い、評価の低かった部分に対して改善策を指導していくのです。全方向から評価を得ることで、特に幹部クラスのパフォーマンスを向上させる意図があります。

人事権を持つ国際機関の管理職は非常に権限が強い。部下が面と向かって苦言を呈することは少ないので、管理者は得てして「裸の王様」になりがちです。360度人事評価は、「王様」が「全裸」ではないにしても部分的には「裸」であることを伝える意味がある。部下から自分の欠点を指摘されるのは愉快ではありませんが、それを無視するのは、がんなどの病気を告げられることを嫌って検査に行かないのと同じ。結果的に手遅れになりかねません。

そういう意味で、360度人事評価は管理職を守るための取り組みでもあると言えます。国際機関で生き残って成果を上げるためには「評判」が非常に大切です。360度人事評価は自分の評判を可視化したものです。同僚の自らに対するイメージや評価は共通していると考えるのが自然ですが、そうした同僚の評価は間違いなく上司に伝わる。身近な評判が、気づけば組織全体へと伝わっている。その意味で、この人事評価は、評価を受けた当初はイヤな気持ちになったとしても、結果として自らを育ててくれる糧になるのです。

管理職でなくても、自分自身を知ることは大事です。そのためには、やはり「他者にどう思われているか」を正しく知ることが必要です。自分を見ている他者を〝鏡〟として捉えることが大事です。それが自分を客観的に知ることにつながるのです。

特に、短所については他者イメージのほうが正しいと言うべきでしょう。自らの短所を知った上で、それを克服する過程は、課題を見つけ、解決策を探り、そこに向けて行動するという国際機関の働きと同じです。

ところで、私の360度人事評価の結果ですが、まず欠点として挙がっていたのが「毎週開くスタッフミーティングが長過ぎ、かつ、私がしゃべり過ぎる」こと！　また「仕事をひとりで背負い込み過ぎる」という面も指摘されました。

「ミーティングでの話が長い」ことについては、スタッフとコミュニケーションを図るための手段の一つと考えていましたし、「仕事をひとりで背負い込み過ぎる」ことについては、「自分でこなしたほうが早い」という自分中心の考えを差し引いても、「余計な仕事を部下に押し付けたくない」という思いやりもありました。つまり、こちらの意図が部下に伝わっていなかったというわけです。

対して長所には「改革マインド」と「専門性の高さ」が挙げられていました。意外にも、心外にも思いましたが、いま振り返れば、ありがたい指摘でした。特にスタッフミーティングでは「沈黙は金なり」を実行したところ、それが好評で、うれしいやら寂しいやら、少々複雑な思いを覚えました。

8　軸足以外の2割の部分でかき回す

日本人が国際機関で生き残り、昇進するのは容易でないことはすでに述べました。さまざまなハンディキャップを克服するには、欧米のスタッフ以上に努力をしなければ太刀打《たちう》ちできません。国際機関では「あなたの責任はこれを為すこと」「その上でこうした権限を与える」と契約書にありますから、基本的にはそれをきちんとクリアすれば、上司にも「与えられた仕事をきちんとやっている」と評価されます。しかし、それだけでは「与えられた仕事」をするだけの人にとどまり、昇進はできません。自分のミッションを達成するには、組織に必要とされる、より影響力のある幹部になる必要があります。そのためには人一倍の努力が要ります。軸足を現在の仕事におきつつ、もう一方の足で将来の方向を目指すのです。

私は国連機関勤務の間ずっとプラス・アルファをやりました。与えられた仕事量を10とした場合、プラス2割ほど将来に役立つことをするのです。UNIDOに所属していた当時は、外務省の委託研究に応募して800万円程度の研究費を取得、研究チームを作り「開発援助とアカウンタビリティ」という論文を書きました。これは仕事を超えた勉強が必要なプロジェクトでしたから、週末を使って研究を重ねたものです。組織の改善方法を探したり、上司との軋轢《あつれき》に悩んで読み漁《あさ》ったマネジメントの本は、百数十冊にもなりました。

こうした勉強は知的な刺激となりましたが、それは仕事の質にも良い影響を与えます。軸足は仕事におきつつも、20%の追加的努力で自分の守備範囲を広げる。上司の立場から見ると、与えられた仕事をこなすだけでなく、新しい課題を見つけ、解決策のオプションを持って来てくれる部下は重宝だったと思います。

こうした自らの充実感を味わう研究とは別に、「個人としての国際競争力」を増すために、あるいはハンディキャップを克服するための勉強もしました。ジュネーブ時代の私は、毎日朝5時に起きてフランス語の勉強を重ねました。結果、国連語学検定試験に合格し、昇給が1年ごとから10か月ごとになりました。また、米国公認内部監査人（CIA）の認定資格も取得しました。30代はさまざまな資格を取得するための勉強をした時代でした。ウィーンの国連パレスチナ難民救済事業機関（UNRWA）に行ってからはパレスチナ問題について学び、論文も書き、NHKなどのメディアに出演もしました。UNHCR時代には、世界と日本の難民問題について研究しました。

大学で勉強をすることとは異なる「働きながらの学び」は、目的がはっきりしているだけにモチベーションも続き、仕事のためにもなります。もちろん、日本と違って残業が続くようなこともなく通勤時間も短い国連勤務だからできたことですが、ネットを使った学習が広がった今日、日本でも工夫次第で勉強はできるでしょう。

人のため、世界の公益のために貢献するにはそれができる能力が必要です。その能力は不断の努力によって得られます。そんな思いから、私は若い人たちに、軸足は仕事におきつつも、プラス2割のエネルギーを勉強に振り向けることを勧めています。

ただ、勉強だけしていても、それを活かせなければ意味がありません。チャンスを必ずつかむ必要があります。

国際機関で上のポジションを目指すなら、常にチャレンジを続けなければいけません。常に〝いまよりいいポジション〟を追い求めるのは、なかなかにタフな作業です。何より自分のキャリアプランを立てなければいけない。国際機関では人事部はキャリアを組み立ててくれませんから、自分で目標を立てた上で自らをアピールし続けます。

国際機関では常時、空席公告が出ています。それを常にチェックして、これだと思うものには積極的に応募していきます。私の場合は一つのポジションでの在籍は2～3年と考え、その部署に着任後半年を過ぎたあたりから空席公告をチェックしていました。応募書類を二十数回は書いたと思います。一般にポストが上がればサラリーは上がり、仕事も面白くなりますから、キャリアアップに良い募集があれば迷わず応募します。

希望するポジションが空いたら、いつでもトライできるよう、履歴書は毎年アップデートしておきます。私の最後の履歴書は、経験したポストが10コほどでしたから、それぞれでどのような仕事をして、どのような成果を上げたかを記入すると10ページくらいになりました。日本の履歴書程度のものでは読んでもらえません。

カバーレターは、履歴書の内容を簡略化したもので履歴書の上に付ける上紙です。国際機関の魅力的なポジションには、200~300通もの応募書類が集まるので、採用担当者はカバーレターだけ見て、中身を読まずにはねてしまう場合もあります。まずは、該当ポジションで求められる能力はすべて満たしているということをカバーレターに記し、採用担当の目に留まることが大切です。目標とするポジションに就いたときに、初めてそれまでの努力がむくわれたことになります。それまで、自分を信じて船を漕《こ》ぎ続けます。

9　ユーモア力を身につける

長年国際機関で仕事をしてきて、わかったことの一つが「ユーモアは身を救う」ということです。国際機関で議論されていることは、難しいことばかり。話の潤滑油としてユーモアがないとギスギスしてしまうのです。

ユーモアで人を笑わせたり、緊張感ある場面を和ませる能力は、組織の中で生き延び、認められる重要な要素だと思います。欧米ではそうした能力を訓練で身につけようとするケースも多く、さまざまな書籍も発売されています。イギリス人などはスピーチのはじめと終わりに必ずユーモアを入れます。それがスタンダードなので、聞くほうも最初からそれを期待しているふしもあります。こんなことがありました。

2010年に私が「世界青年の船」に指導官として乗船したときのこと。インドのチェンナイに立ち寄り、そこで日本総領事の話を聞きました。多忙な総領事が10分ほど遅れてきたのは仕方がないとしても、その間、現地スタッフは「静かにしていてください」「整列してください」の繰り返し。私たちは行儀がいいので、静かに並んで待っていたのですが、やっと登壇した総領事は謝ることもなく、いきなり原稿を読み始めたのです。しかも通り一遍のスピーチで、明らかに初級スタッフが書いたと思われる内容。しかもスピーチの後には質疑応答もなしで帰ってしまった。これには参加者が「失礼だ！　あれならプリントを配れば良かったのだ」と怒っていました。そんな中、翌日にイギリスの大使のスピーチを聞きました。これが前日とは打って変わって、期待通り冒頭から笑わせてくれるスピーチだったのです。さすがイギリス人。いまとなっては話の中身は覚えていないのですが、その大使がユーモラスなスピーチをして皆が笑った記憶は鮮明に残っています。スピーチ一本で日本とイギリスの国のイメージが変わるのです。

UNHCR時代、私は「タキ」と呼ばれていたのですが、別名は〝ファニー・コントローラー（財務官）〟。当時、私はときどき全職員に向けて、言葉遊び的なメールを送っていました。特に注意をしてほしいことやコストカットなどの伝えにくいことをユーモラスなメッセージに変え、納得してもらおうとしたわけです。自分で言うのもなんですが、自分でも笑ってしまうような出来で、コスト削減ばかりを叫ぶ憎まれ役のコントローラーのイメージが変わったと思います。退職したいまではフェイスブックで同じようなことをしています。ユーモアは身を助ける、笑いは健康のため、です。

付録　外務省ＪＰＯ試験とは

国際機関に一定期間派遣をするＪＰＯ制度

外務省では、国際機関の正規職員を志望する35歳以下の者を対象に、派遣にかかる経費を日本政府が負担して一定期間（原則2年間）、各国際機関で働くＪＰＯ制度（Junior Professional Officer）を実施しています。

この制度終了後に国際機関職員となった人はＪＰＯ経験者の50〜70％です。日本人の国際機関職員全体の4割強がＪＰＯ経験者。まさに国際機関への登竜門と言える制度です。

派遣される機関は、国連事務局の各部門や地域委員会を始め、国連難民高等弁務官事務所（ＵＮＨＣＲ）や国連開発計画（ＵＮＤＰ）などの国連総会決議に基づき設置された機関、世界保健機関（ＷＨＯ）や国際農業開発基金（ＩＦＡＤ）などの専門機関、国際原子力機関（ＩＡＥＡ）などの国連関係機関、経済協力開発機構（ＯＥＣＤ）といった国際機関など多岐にわたります。

また、ＪＰＯポストは、各機関が求める人材によって決まるため、毎年異なります。開発、人道、平和構築、環境などのプログラム系から、ＩＴ、会計、財務、法務、調達などのバックオフィス系まで、さまざまな分野をカバーします。

応募資格は

①35歳以下
②国際機関に関連する分野の修士号以上の学歴
③国際機関の業務に関連する分野での2年以上の職務経歴
④語学力（英語で業務遂行が可能）
⑤日本国籍を有すること

の五つ。加えて、「将来にわたり国際機関で働く意志を有すること」という条件もあります。

④の英語能力を証明する資料としては、ＴＯＥＦＬスコアやＩＥＬＴＳのスコア提出が求められます。必須とされるスコアは明記されていませんが、合格者の多くがＴＯＥＦＬ　ｉＢＴテストで１００を超えるスコアであることが公表されています。

ＪＰＯ合格者の平均年齢は31歳。倍率は６・５倍ですが、近年ＪＰＯの予算増加で相対的にチャンスが増しています。ＪＰＯ試験には、外務省枠のほかに、国際機関が直接選考に関わる国際機関選考枠があります。２０１８年度には３４８名の応募があり、54名が内定しています。

JPO 応募（外務省選考枠）から派遣までのおおよその流れ（2019年の場合）

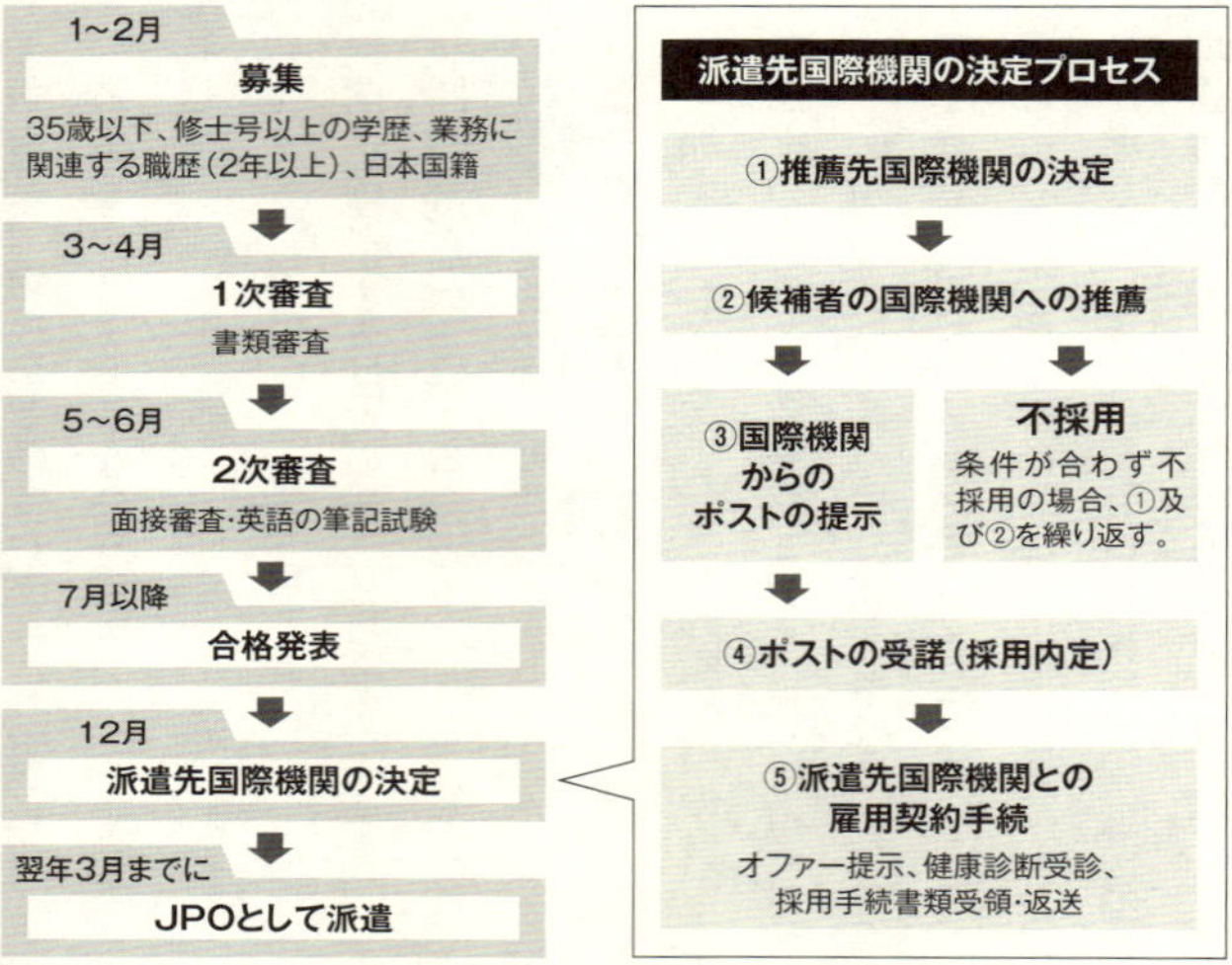

外務省国際機関人事センター「2019年度JPO試験説明会」資料をもとに編集部にて作成

選考枠ごとの派遣内定者数は以下のとおりです。

外務省選考枠39名、国際機関選考枠は国連開発計画（ＵＮＤＰ）が6名、世界食糧計画（ＷＦＰ）が5名、経済協力開発機構（ＯＥＣＤ）が4名でした。

ＪＰＯ試験の流れ

毎年の募集要項は1月頃から外務省のホームページで発表になります。事前に外務省国際機関人事センターのフェイスブックをフォローしたり、ＪＰＯ試験の公開グループに参加していると情報を随時知らせてくれます。手続きは年によって変わりますが、外務省のウェブサイトに詳しく記されています。

書類記述、面接試験など注意すべき点

書類審査の合格率は公表されていませんが、まずは書類審査を突破しなければ、JPO試験の合格はありません。書類には日本語と英語があります。また、希望する機関や職種は自らの専門性を鑑みた上で明確に記すほうがいいでしょう。

二次審査には「英語の筆記試験」と「面接審査」があります。筆記試験は英文エッセイですが、外務省国際機関人事センターのウェブサイトで過去問題をチェックするといいでしょう。

3〜4人の面接官との面接は40分前後。「なぜJPOを志望したか」「志望する国際機関でどのような仕事をしたいか」「これまでの経歴」などを、英語で聞かれます。応募書類にその他の言語の運用能力を記していると、その言語で質問される場合もあります。

通常7月以降に二次審査の合否がメールで届きます。その後、赴任先が決定するまでは、あくまでも「派遣候補者」。スムーズに派遣先が決まることもあれば、派遣先が二転三転した後に決定することもある。赴任時期は原則12月ですが、事情により多少のズレがあるようです。

おわりに

この本の企画が出たとき、正直に言ってためらいがありました。国際機関の中で起こっていること、それに対して私がどのように対応したのかという個人的なことを書くのは気恥ずかしいだけでなく、おこがましいという気持ちがありました。

しかし、世界の紛争地で、最貧国で、災害のあった国で、厳しい環境の中で人々のために働いている日本人は私以外にもたくさんいます。その人たちがどんな職場環境で働き、どう生きているかについてはもっともっと知られるべきでしょう。また、挫折を経験しながら、30年近くを国際機関で働き、何とか生き延びた私のようなOBが、学んだことをシェアすることにはそれなりの意味があるだろう、という気持ちが出版に向けて背中を押してくれました。

私自身は33歳と比較的遅くに国連にP－2で入り、60歳のときD－2で退職しました。日本人としては比較的順調に国連でのキャリアを重ねたと言えます。しかしその間には上司とうまくいかなかったり、昇進がなくて悩んだりした時期もありました。常に不安感と闘う、先が見えない生活が続きました。しかし、その中で努力し、人に助けられて、結果的には納得のいくキャリアを積むことができました。

国際機関で働くことは、誰でも努力次第でできることです。ただ、人を助けるためにはそれなりの能力がいる、そして、それは努力で獲得することができる。そんなメッセージを、国際機関を目指す若い人たちに贈りたいと思います。

本書に書かれているアドバイスについては、すべて私がやれたわけではなく、むしろ、いま思えば実行しておけば良かった、と反省する部分もあります。また、同僚の成功や失敗から学んだこともあります。国際機関の職員であるないにかかわらず、当然、各人の生き方にはこれという方程式はありません。自分の人生は自分でデザインするしかありません。ですからこの本のアドバイスを実行してうまくいかなかったとしても、それは自己責任（笑）。

この本は、現役で会社や官庁で働くみなさんにも向けられています。日本での働き方は急激に変わっています。今後は、専門性を磨き、転職をしながらキャリアをデザインするのが普通になり、職場には外国人もいて、以心伝心でなくはっきりとした意思表示が必要になります。そんな日本の職場でも「国連式」の生き方と仕事術が役立つと思います。

また、私がお勧めするのは、自分が蓄えてきた経験や人脈をボランティア活動に使うこと。

欧米ではボランティア活動は一般化しています。カナダで難民支援のNGOをいくつか視察しましたが、大企業のトップクラスの人々がごく普通に古着を整理したりしているなど、志を同じくした人々とともに支援活動をする姿はとても素敵でした。「誰かのためになっている」と意識することは大きな充実感を与えてくれます。人を助けることは同時に、自分を助けることです。

とはいえ、健康でなければボランティアもできません。本文でも触れたように、私は高校時代に病気休学をしましたが、20歳から週1回30分の運動をずっと続け、66歳からはマラソンを始めました。このマラソンで人生がすっかり変わりました。若いときの苦しみはまさにBlessing in Disguise だったのです。「人生はマラソン」です。ゴールはまだ見えませんが、自分の限界を少しでも超える走りを常に目指しながら、これからも気持ち良く走り続けていくつもりです。

さて、この本の出版にあたり集英社の西潟龍彦氏には大変お世話になりました。取材・構成を担当してくださった加藤真理氏と池野佐知子氏、そして校閲の方々にも心からの感謝を申し上げます。なお、本書の印税は国連UNHCR協会に寄付されます。

2019年8月

滝澤三郎

滝澤三郎（たきざわ　さぶろう）

一九四八年長野県生まれ。東洋英和女学院大学大学院客員教授。国連UNHCR協会特別顧問。カリフォルニア大学バークレー経営大学院修了（MBA、USCPA取得）後、八一年国連ジュネーブ本部に採用。UNRWA（国連パレスチナ難民救済事業機関）、UNIDO（国連工業開発機関）を経て、最終キャリアはUNHCR（国連難民高等弁務官事務所）駐日代表。専門は移民・難民政策。編著書に『世界の難民をたすける30の方法』、共編著書に『難民を知るための基礎知識』など。

「国《こく》連《れん》式《しき》」世《せ》界《かい》で戦《たたか》う仕事《しごと》術《じゅつ》

集英社新書〇九九一A

二〇一九年九月二二日　第一刷発行

著者……滝澤三郎《たきざわさぶろう》

発行者……茨木政彦

発行所……株式会社集英社

東京都千代田区一ツ橋二-五-一〇　郵便番号一〇一-八〇五〇

電話　〇三-三二三〇-六三九一（編集部）
〇三-三二三〇-六〇八〇（読者係）
〇三-三二三〇-六三九三（販売部）書店専用

装幀……原　研哉

印刷所……大日本印刷株式会社　凸版印刷株式会社

製本所……ナショナル製本協同組合

定価はカバーに表示してあります。

ISBN 978-4-08-721091-0 C0236

a pilot of wisdom

政治・経済――A

戦争の条件　藤原帰一
金融緩和の罠　藻谷浩介／河野龍太郎／小野善康／萱野稔人
バブルの死角 日本人が損するカラクリ　岩本沙弓
TPP 黒い条約　中野剛志・編
はじめての憲法教室　水島朝穂
成長から成熟へ　天野祐吉
資本主義の終焉と歴史の危機　水野和夫
上野千鶴子の選憲論　上野千鶴子
安倍官邸と新聞「二極化する報道」の危機　徳山喜雄
世界を戦争に導くグローバリズム　中野剛志
誰が「知」を独占するのか　福井健策
儲かる農業論 エネルギー兼業農家のすすめ　金子勝／武本俊彦
国家と秘密 隠される公文書　久保亨／瀬畑源
秘密保護法―社会はどう変わるのか　宇都宮健児／堀敏明／足立昌勝／林克明
沈みゆく大国 アメリカ　堤未果
亡国の集団的自衛権　柳澤協二

資本主義の克服「共有論」で社会を変える　金子勝
沈みゆく大国 アメリカ〈逃げ切れ！ 日本の医療〉　堤未果
「朝日新聞」問題　徳山喜雄
丸山眞男と田中角栄「戦後民主主義」の逆襲　佐高信／早野透
英語化は愚民化 日本の国力が地に落ちる　施光恒
宇沢弘文のメッセージ　大塚信一
経済的徴兵制　布施祐仁
国家戦略特区の正体 外資に売られる日本　郭洋春
愛国と信仰の構造 全体主義はよみがえるのか　中島岳志／島薗進
イスラームとの講和 文明の共存をめざして　内藤正典／中田考
「憲法改正」の真実　樋口陽一／小林節
世界を動かす巨人たち〈政治家編〉　池上彰
安倍官邸とテレビ　砂川浩慶
普天間・辺野古 歪められた二〇年　宮城大蔵／渡辺豪
イランの野望 浮上する「シーア派大国」　鵜塚健
自民党と創価学会　佐高信
世界「最終」戦争論 近代の終焉を超えて　内田樹／姜尚中

a pilot of wisdom

日本会議 戦前回帰への情念　山崎雅弘
不平等をめぐる戦争 グローバル税制は可能か?　上村雄彦
中央銀行は持ちこたえられるか　河村小百合
近代天皇論 ――「神聖」か、「象徴」か　片山杜秀／島薗 進
地方議会を再生する　相川俊英
ビッグデータの支配とプライバシー危機　宮下 紘
スノーデン 日本への警告　エドワード・スノーデン／青木 理 ほか
閉じてゆく帝国と逆説の21世紀経済　水野和夫
新・日米安保論　柳澤協二／伊勢﨑賢治／加藤 朗
グローバリズム その先の悲劇に備えよ　中野剛志／柴山桂太
世界を動かす巨人たち〈経済人編〉　池上 彰
アジア辺境論 これが日本の生きる道　内田 樹／姜 尚中
ナチスの「手口」と緊急事態条項　長谷部恭男／石田勇治
改憲的護憲論　松竹伸幸
「在日」を生きる ある詩人の闘争史　金 時鐘／佐高 信
決断のとき――トモダチ作戦と涙の基金　小泉純一郎 取材・構成 常井健一
公文書問題 日本の「闇」の核心　瀬畑 源

大統領を裁く国 アメリカ　矢部 武
国体論 菊と星条旗　白井 聡
広告が憲法を殺す日　本間 龍／南部義典
よみがえる戦時体制 治安体制の歴史と現在　荻野富士夫
権力と新聞の大問題　望月衣塑子／マーティン・ファクラー
「改憲」の論点　木村草太／青井未帆 ほか
保守と大東亜戦争　中島岳志
富山は日本のスウェーデン　井手英策
スノーデン 監視大国 日本を語る　エドワード・スノーデン／国谷裕子 ほか
「働き方改革」の嘘　久原 穏
国権と民権　佐高 信／早野 透
限界の現代史　内藤正典
除染と国家 21世紀最悪の公共事業　日野行介
安倍政治 100のファクトチェック　南 彰／望月衣塑子
「通貨」の正体　浜 矩子
隠された奴隷制　植村邦彦
未来への大分岐　マルクス・ガブリエル／マイケル・ハート／ポール・メイソン／斎藤幸平・編

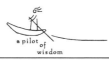

a pilot of wisdom

- 非モテの品格 男にとって「弱さ」とは何か　杉田俊介
- 「イスラム国」はテロの元凶ではない グローバル・ジハードという幻想　川上泰徳
- 日本人 失格　田村淳
- たとえ世界が終わっても その先の日本を生きる君たちへ　橋本治
- あなたの隣の放射能汚染ゴミ　まさのあつこ
- マンションは日本人を幸せにするか　榊淳司
- 敗者の想像力　加藤典洋
- 人間の居場所　田原牧
- いとも優雅な意地悪の教本　橋本治
- 世界のタブー　阿門禮
- 明治維新150年を考える ——「本と新聞の大学」講義録　一色清 姜尚中 ほか
- 「富士そば」は、なぜアルバイトにボーナスを出すのか　丹道夫
- 男と女の理不尽な愉しみ　林真理子 壇蜜
- 欲望する「ことば」「社会記号」とマーケティング　嶋浩一郎 松井剛
- ぼくたちはこの国をこんなふうに愛することに決めた　高橋源一郎
- ペンの力　浅田次郎 吉岡忍
- 「東北のハワイ」は、なぜV字回復したのか スパリゾートハワイアンズの奇跡　清水一利

- 村の酒屋を復活させる 田沢ワイン村の挑戦　玉村豊男
- デジタル・ポピュリズム 操作される世論と民主主義　福田直子
- 戦後と災後の間——溶融するメディアと社会　吉見俊哉
- 「定年後」はお寺が居場所　星野哲
- ルポ 漂流する民主主義　真鍋弘樹
- ルポ ひきこもり未満　池上正樹
- 中国人のこころ 「ことば」からみる思考と感覚　小野秀樹
- わかりやすさの罠 池上流「知る力」の鍛え方　池上彰
- メディアは誰のものか ——「本と新聞の大学」講義録　一色清 姜尚中 ほか
- 京大的アホがなぜ必要か　酒井敏
- 天井のない監獄 ガザの声を聴け！　清田明宏
- 限界のタワーマンション　榊淳司
- 日本人は「やめる練習」がたりてない　野本響子
- 俺たちはどう生きるか　大竹まこと
- 「他者」の起源 ノーベル賞作家のハーバード連続講演録　トニ・モリスン
- 言い訳 関東芸人はなぜM-1で勝てないのか　ナイツ 塙宣之
- 自己検証・危険地報道　安田純平 ほか

集英社新書　好評既刊

哲学・思想——C

「狂い」のすすめ	ひろさちや
偶然のチカラ	植島啓司
日本の行く道	橋本　治
「世逃げ」のすすめ	ひろさちや
悩む力	姜　尚中
夫婦の格式	橋田壽賀子
神と仏の風景「こころの道」	廣川勝美
無の道を生きる——禅の辻説法	有馬頼底
新左翼とロスジェネ	鈴木英生
虚人のすすめ	康　芳夫
自由をつくる 自在に生きる	森　博嗣
創るセンス 工作の思考	森　博嗣
天皇とアメリカ	吉見俊哉 テッサ・モーリス-スズキ
努力しない生き方	桜井章一
いい人ぶらずに生きてみよう	千　玄室
不幸になる生き方	勝間和代
生きるチカラ	植島啓司
韓国人の作法	金　栄勲
強く生きるために読む古典	岡　敦
自分探しと楽しさについて	森　博嗣
人生はうしろ向きに	南條竹則
日本の大転換	中沢新一
空《くう》の智慧、科学のこころ	ダライ・ラマ十四世 茂木健一郎
小さな「悟り」を積み重ねる	アルボムッレ・スマナサーラ
科学と宗教と死	加賀乙彦
犠牲のシステム 福島・沖縄	高橋哲哉
気の持ちようの幸福論	小島慶子
日本の聖地ベスト100	植島啓司
続・悩む力	姜　尚中
心を癒す言葉の花束	アルフォンス・デーケン
自分を抱きしめてあげたい日に	落合恵子
その未来はどうなの？	橋本　治
荒天の武学	内田　樹 光岡英稔

a pilot of wisdom

集英社新書　好評既刊

プログラミング思考のレッスン　「私」を有能な演算装置にする
野村亮太　0980-G
自らの思考を整理し作業効率を格段に高める極意とは。情報過剰時代を乗り切るための実践書！

日本人は「やめる練習」がたりてない
野本響子　0981-B
マレーシア在住の著者が「やめられない」「逃げられない」に苦しむ日本とはまったく異なる世界を紹介する。

心療眼科医が教える その目の不調は脳が原因
若倉雅登　0982-I
検査しても異常が見つからない視覚の不調の原因を神経眼科・心療眼科の第一人者が詳しく解説する。

隠された奴隷制
植村邦彦　0983-A
マルクス研究の大家が「奴隷の思想史」三五〇年間をたどり、資本主義の正体を明らかにする。

俺たちはどう生きるか
大竹まこと　0984-B
自問自答の日々を赤裸々に綴った、人生のこれまでとこれから。本人自筆原稿も収録！

「他者」の起源　ノーベル賞作家のハーバード連続講演録
トニ・モリスン　解説・森本あんり／訳・荒このみ　0985-B
アフリカ系アメリカ人初のノーベル文学賞作家が、「他者化」のからくりについて考察する。

定年不調
石蔵文信　0986-I
仕事中心に生きてきた定年前後の五〇～六〇代の男性にみられる心身の不調に、対処法と予防策を提示。

言い訳　関東芸人はなぜM-1で勝てないのか
ナイツ 塙 宣之　0987-B
M-1審査員が徹底解剖。漫才師の聖典とも呼ばれるDVD『紳竜の研究』に続く令和の漫才バイブル誕生！

資本主義の終わりか、人間の終焉か？ **未来への大分岐**
マルクス・ガブリエル／マイケル・ハート／ポール・メイソン／斎藤幸平・編　0988-A
「人間の終わり」や「サイバー独裁」のようなディストピアを退ける展望を世界最高峰の知性が描き出す！

自己検証・危険地報道
安田純平／危険地報道を考えるジャーナリストの会　0989-B
シリアで拘束された安田と、救出に奔走したジャーナリストたちが危険地報道の意義と課題を徹底討議。

既刊情報の詳細は集英社新書のホームページへ
http://shinsho.shueisha.co.jp/